Encuentra Tú Mapa

Aprende una Metodología para Llevar tu Empresa al Siguiente Nivel de Éxito.

Faider Andrade Solarte

📺📷🎵 @encuentratumapa

www.encuentratumapa.com faider@encuentratumapa.com

Resumen

¡Espero que este libro sea una valiosa fuente de inspiración para el lector! Basado en experiencias personales, donde se enfrentaron diversos obstáculos tanto a nivel empresarial como deportivo, el relato ofrece una metodología transversal. El objetivo es que cada lector encuentre utilidad en esta metodología y se sienta motivado para perseguir sus sueños y metas en la vida. La combinación de experiencias reales y lecciones aprendidas proporciona una guía práctica que puede aplicarse a diversas áreas de la vida. ¡Que este relato inspire a alcanzar el éxito en sus propios emprendimientos y metas!

ISBN: 9798871069738
Sello: Independently published

Dedicatoria

Este libro está dedicado a los que emprenden por primera vez, y en especial a los que no se dan por vencidos, sin importar las veces que sigues intentando, puesto que el éxito está en el que sigue en batalla, no en el que ya se rindió.

Agradecimientos

Agradecimiento a Dios primeramente por las experiencias que me permitió vivir, al personal que trabajó conmigo enlaunica, los deportistas y entrenadores que hicieron parte de esta historia.

Tabla de contenido

Introducción

El mundo anhela relatos que surgen de años de experiencias diversas, dando lugar a éxitos notables. Este libro encapsula una travesía que logró un hito aparentemente irreal: un aumento en las ventas que superó el 2,000% en tan solo 20 meses. Al cumplir este propósito se subió la meta 10 veces más de lo conseguido, logrando nuevas ideas para llegar a la nueva meta de crecimiento.

Más que exponer las acciones y decisiones que condujeron a este logro, esta narración nace de la responsabilidad de inspirar a gerentes y empresarios, contribuyendo al desarrollo de sus visiones y metas.

Con el propósito de simplicidad, se presenta un conocimiento moldeado a partir de conceptos extraídos de diversos autores y maestros a lo largo de la vida. Este testimonio real y práctico ofrece una metodología rediseñada que demuestra que "todo" es alcanzable con determinación.

En la primera parte, te sumergirás en una experiencia personal: la travesía empresarial que comienza en la cascada La Joaquina, en Sandoná, Nariño. Después de cuatro ascensos, se alcanza esta maravilla natural rodeada de exuberancia. Aunque los tres primeros ascensos resultaron infructuosos, cada uno llenó de experiencias valiosas, equiparables a la búsqueda de un mapa vital para alcanzar grandes metas.

La segunda parte revela la aplicación de la metodología Vimas, clave para los resultados extraordinarios narrados aquí. Este acrónimo, que representa visión, metas, actividades a ejecutar y seguimiento, se pone a tu disposición para que puedas aplicarlo en tus propios negocios y actividades profesionales.

La tercera parte explora otros mapas y experiencias, llevando principios e ideas al ámbito deportivo. La premisa principal es clara: diferentes mapas pueden conducir al éxito en la vida.

La cuarta parte sirve como antesala a un volumen más extenso, donde se comparten aprendizajes de empresarios que han construido imperios. Se busca abordar la persistente inquietud sobre por qué algunos alcanzan grandes éxitos en comparación con emprendimientos más pequeños.

El cierre del libro se centra en la prevención de errores, ofreciendo valiosas lecciones sobre cómo la sabiduría humana radica en superar obstáculos durante la expansión.

Prefacio

Son las diez de la noche, el frío se cuela entre las rendijas de la ventana. Ya ha pasado una semana desde el llamado interno que tuve para escribir este libro. Algunos creerán que fue un llamado de Dios, mientras que otros argumentan que fue la comunicación con el otro yo, el ser interno o que el universo conspiró para llevarme a dedicarme a esta obra.

La responsabilidad de escribir este libro se volvía cada vez más imperativa. No podía seguir posponiendo el enfrentamiento con esta hoja en blanco, mirando los capítulos como un desafío insuperable. Finalmente, tomé la decisión y me concentré en comenzar a escribir. Lo que sigue es el resultado de esa decisión.

En el terminal de transporte, esperando cinco horas para mi viaje y a solo dos horas de abordar, me sumergí en el contenido en mi celular. En ese momento, una vocecita interior me impulsó a la acción. Recordé situaciones similares en el pasado, momentos en los que libros fascinantes se perdían en los anaqueles olvidados de mi memoria.

Esta vez era diferente; las diversas experiencias de la vida me habían conducido hacia un mapa del tesoro. Este mapa, con el propósito de este escrito, está destinado a guiarte hacia el maravilloso tesoro que también espera por ti.

Primera Parte Encontrando el Mapa

La búsqueda del mapa

Nunca sabemos con certeza cuándo comienza nuestra búsqueda del mapa. A lo largo de la vida, descubrimos que no se trata solo de encontrar un mapa, sino de descubrir múltiples mapas. Estos mapas tienen la peculiaridad de guiarnos desde el punto A hasta el punto B, desde nuestro punto de partida hasta donde queremos llegar, trazando la ruta hacia un tesoro oculto, algo que valoramos profundamente.

Con la adquisición de experiencia, estos mapas se vuelven más precisos. La rapidez con la que encuentras el mapa, ya sea en tus primeros años o después de algunas décadas, radica en la habilidad que desarrollamos, junto con tu determinación y persistencia, para alcanzar objetivos genuinos.

Al principio, no sabía que necesitaba un mapa. Fue recién en mis cuarenta, después de participar en emprendimientos donde admito no haber cultivado suficientemente mi determinación y persistencia, que comprendí que gran parte de mi vida se dedicó a desarrollar ese mapa. Como un experto cartógrafo, he estado trazando mi propio camino para alcanzar sueños y propósitos.

Ahora, querido lector, tienes frente a ti una obra que deseo que le economice tiempo, permitiendo tomar acciones con mayor confianza desde el principio. Aunque mis palabras puedan sonar dirigidas a un público joven, quiero dejar claro que esto no debería desalentar a quienes han superado esa etapa de la vida. Grandes empresarios como Ray Kroc y el coronel Sanders, fundadores de McDonald's y Kentucky Fried Chicken (KFC) respectivamente, han demostrado que la edad no es una excusa. Ya sea que te consideres demasiado joven, pienses que todavía tienes tiempo o creas que ya eres demasiado mayor, sus historias enseñan que nunca es tarde para emprender un nuevo camino hacia el éxito.

Lo que para algunos podría ser una excusa perfecta, para otros se convierte en el catalizador del éxito. La verdadera limitación siempre ha residido en ti, al igual que la oportunidad de un nuevo comienzo. En este momento, la experiencia es menos relevante que nunca; lo crucial es encontrar el mapa que te guiará hacia tus metas.

La búsqueda comenzó y comienza desde tu nacimiento, e incluso desde antes, pero es a partir del momento en que empezamos a tomar conciencia que realmente se inicia la búsqueda del mapa.

Inicié mi búsqueda a una temprana edad, alrededor de los ocho años. Como hijo mayor, asumí responsabilidades en la empresa familiar desde niño, ayudando en tareas que estaban al alcance de mis habilidades para apoyar los esfuerzos emprendedores de mis padres. Así fue como comenzó mi viaje en el mundo de los negocios.

La riqueza histórica que acompaña tu historia personal ha sido fundamental para construir tu mapa de vida. Permítame expresarlo de forma más clara: lo que eres en este momento es el resultado de todas tus experiencias, tanto positivas como negativas. Gracias a estas vivencias, te has convertido en el maravilloso ser humano que eres hoy en día.

Tienes un potencial increíble que, a medida que leas este libro, te identificarás con puntos de reflexión donde valorarás los momentos de éxito que has experimentado en tu vida.

El agente de policía se acerca para pedirme el número de cédula en el terminal, un procedimiento de rutina que me saca momentáneamente de mis pensamientos.

Esta situación me hace reflexionar sobre cómo diferentes períodos de la vida son cruciales para construir nuestro mapa personal.

Sumido en el diseño de estrategias para llevar a mi equipo a alcanzar la meta diaria de $10,000 USD en ventas, comencé a trazar el mapa para nuestro camino hacia el éxito. Lleno de alegría y motivación por la nueva sociedad que acabamos de iniciar, mi mente se enfoca en una meta clara: estaba seguro de que alcanzarla nos llevaría al siguiente nivel. Aunque en ese momento las ventas diarias apenas rozaban los $500 USD y mi socio pensaba que llegar a los $1,000 USD sería bueno, en mi mente se gestaba lo que para algunos sería considerado completamente imposible: aspiraba a un aumento del 2,000% en las ventas.

El emprendimiento consistía en un establecimiento de comercio que distribuía más de cinco mil referencias diferentes. Estaba ubicado en un pueblo relativamente pequeño y apenas estaba dando sus primeros pasos. Mi inspiración provenía de la historia de Sam Walton y su creación de Walmart, que también comenzó en un pueblo pequeño llamado Bentonville, en Arkansas.

Es fundamental sentir gratitud por los logros de los grandes maestros que comenzaron antes que tú, quienes marcaron el camino. Aunque los resultados que alcanzaron parezcan inalcanzables, aquí se presenta un ejemplo de cómo acercarte a ellos e incluso superarlos. Todo depende de lo que realmente desees. En estas páginas, se plasma un método basado en experiencias reales que te puede llevar muy lejos en tu camino hacia el éxito.

Este libro podría titularse 'Cómo Lograr un Incremento del 2000% en las Ventas de tu Negocio'. Aunque lo que aprenderás aquí es completamente real, es natural que puedas tener dudas antes de adquirir esta habilidad. Sin embargo, esta habilidad es fascinante y fundamental para el crecimiento. Está por descubrir cómo hacerlo, al igual que el equipo que lideraba en su momento.

Hablaba con el equipo, y estoy seguro de que me veían como un loco. Seguramente, tendré que preguntarles qué pasaba por sus mentes en ese momento. Al principio, luchábamos para alcanzar la meta de $1,000 USD en ventas diarias. Siendo honesto, no tenía ni la más mínima idea de cómo íbamos a lograrlo en un negocio completamente tradicional, sin las ventajas de escalabilidad que ofrecen internet y otros tipos de negocios. Éramos simplemente un establecimiento de comercio, como cualquier otro en un pueblo pequeño o un barrio en la ciudad.

Años de experiencias de vida me habían llevado a creer que sí podía lograrlo. Sin embargo, mi lógica académica no me proporcionaba ni un solo recurso sobre cómo hacerlo en la práctica. Lo único que sabía internamente era que iba a lograrlo.

Era esa corazonada, esa certeza que te invade cuando sientes que ha llegado tu momento. Sabía que era ahora o nunca. A pesar de haber pasado por diversos momentos anteriormente, esta vez mi energía y actitud eran distintas. Sentía que estaba creando algo grandioso y todo a mi alrededor adquirió un matiz diferente. Aunque la realidad fuera la de un pequeño negocio, en mi mente yo dirigía una gran empresa. Todo se transformaba gracias al poder de la imaginación; en mi mente, ya era una realidad.

El '¿Qué?' en lugar del ¿'Cómo?'

¿Cómo lograrlo? Al principio, me di cuenta de que el 'cómo' realmente no importa. Eso es lo que he comprendido con el tiempo, y quiero que tú también lo entiendas ahora que estás trazando tu propio mapa. La verdad es que el 'cómo' es tan poco importante e irrelevante. Lo que realmente tiene peso es el '¿Qué?'— tres letras con un significado profundo para tu vida. Así que te invito a reflexionar y escribir: ¿Qué es lo más importante que quieres lograr en este momento de tu vida?"

Sí, lo sé, al principio no es fácil. Permíteme desarrollar la idea y pronto comprenderás. Es un compromiso que, con el tiempo y determinación, acabarás definiendo los recursos necesarios para lograrlo.

El Secreto de Establecer Metas Ambiciosas

Ahora te preguntarás, ¿por qué fijar la meta de vender $10,000 USD diarios cuando ni siquiera alcanzamos los $1,000 USD en un solo día? Permíteme revelarte el mayor secreto que descubrí: establecer una meta tan alta hace que llegar a un punto posible sea mucho más fácil. Tanto para mi mente como para el equipo, resultó más sencillo alcanzar los $1,000 USD una vez que nos enfocamos en visualizar los $10,000 USD. Fue como si al apuntar tan alto, el camino hacia metas más realistas se despejara de obstáculos mentales y emocionales.

Llegar a los $1,000 USD fue relativamente fácil, pero a medida que alcanzamos esa cifra, la alegría y euforia se apoderaba de nosotros. Cinco meses después, empezamos a superar los $1,000 USD de forma constante. Una vez logrado, era mantenernos por encima de esa cifra, porque caer por debajo resultaba fácil y desmoralizante. Todo el equipo se había enfocado en esta meta, y apoyar a su líder en alcanzar los $1,000 USD diarios se volvió más real y alcanzable que los $10,000 USD.

Al principio, establecer como meta alcanzar los $10,000 USD diarios, cuando sabíamos que no llegábamos ni a los $1,000 USD, parecía casi una burla. Sin embargo, a medida que lo repetía con determinación y cada vez con más fuerza, comencé a convencerme de que sería capaz de lograrlo. Lo sorprendente fue que poco a poco, mi convicción empezó a contagiar a los demás, y ellos también comenzaron a creer en la posibilidad de hacerlo realidad.

La oración diaria comenzó a dar sus frutos cuando pedí a Dios sabiduría e inteligencia para construir mis metas. Fue entonces cuando empecé a cambiar, pasé de ser un líder con un '¿Qué?' a entender el '¿Cómo?'. Comencé a comprender cómo hacerlo, porque cuando el '¿Qué?' Está claro, el '¿Cómo?' se vuelve más fácil de encontrar.

La palabra de Dios nos dice en Mateo 7:7, 'Pide y se os dará'. Esta enseñanza comenzó a tener sentido en mi vida a medida que comprendí el poder de la oración y la fe en que Dios proveerá las respuestas a mis peticiones.

Las respuestas o las ideas comenzaron a llegar en la noche. La primera vez que surgió una idea excelente para alcanzar mi meta fue cerca de las tres de la madrugada. Recuerdo estar medio dormido y darme cuenta de lo brillante que era la idea, maravillado mientras aún dormía. Al despertarme, sentí la certeza de que era una idea increíble, pero debo admitir que no logré recordarla al día siguiente. A medida que transcurría el día, solo sentía la angustia de no poder recordar esa idea ganadora.

Fue la primera experiencia con la idea que llegó durante la noche. Al amanecer, pasados unos días, otra idea surgió en un sueño y logré recordar la anterior. Ambas ideas eran excepcionales, y en el sueño, creí firmemente que lograría lo que me había propuesto. Me sentí completamente feliz mientras amanecía. Aquella mañana, entre la angustia de no poder recordar las ideas y la felicidad por su brillantez, aún no había comenzado el proceso de crecimiento exponencial.

Fue entonces cuando se me ocurrió la idea de tener un cuaderno o mi celular cerca para anotar la siguiente idea. Ya había perdido dos ideas que no lograba recordar al día siguiente. Estaba más preparado para la próxima oportunidad, pero nuevamente sucedió. En esta tercera ocasión, producto del sueño y el estado de ensoñación, no desperté y seguí en el sueño. Al día siguiente, al despertar, tenía la sensación de tres ideas brillantes en mi mente, pero no las escribí y no recordaba lo que había pensado.

A veces, necesitamos perder para poder desencadenar el cambio que buscamos en nosotros. Este proceso de transformación es desafiante y proviene desde nuestro interior, con una fuerza extraordinaria. Cuando comienzas a sentir este cambio, tu determinación se fortalece y empieza a transformar tu vida por completo.

La cuarta vez resultó ser la vencida. Desde entonces, me aseguré de anotar meticulosamente las ideas que llegaban durante la noche, sabiendo que si realmente quería alcanzar mis metas, debía actuar. Era crucial no solo tener la idea, sino también ejecutarla y ponerla en práctica. Comprendí que no bastaba con llevar a cabo la idea; era esencial garantizar que la idea misma tuviera el éxito necesario para impulsar adelante el proyecto.

Disfruta el proceso, diviértete

Con el paso de los días, antes de comenzar las operaciones en el negocio por la mañana, se hacía la reunión matutina. Esta sesión, que duraba de 30 a 45 minutos, tenía un propósito claro: enfocar al equipo en la meta del día. Lo notable de estas reuniones era que al final de cada charla se les comunicaba una nueva estrategia, idea o plan de acción. Siempre concluía con una oración, expresando gratitud a Dios y manteniendo la fé en alcanzar los $10,000 USD de ventas diarias.

Los días pasaban y parecía que nada estaba ocurriendo. El ritmo frenético de las actividades diarias absorbía nuestra energía. Dudas asaltaban al equipo sobre la posibilidad de alcanzar el objetivo, y esto era completamente normal. Muchas veces, las personas a nuestro alrededor no creen al principio. Su nivel de creencia es tan bajo que no les permite ver lo que estamos construyendo. No es fácil para aquellos que no están sintonizados con nuestra visión comprender hacia dónde nos dirigimos. Lo único realmente importante es mantener los pensamientos y acciones enfocados en lograr la meta propuesta, pase lo que pase y sin importar cómo se presenten los desafíos.

Con el tiempo, aplicando las ideas con la mejor actitud y aptitud, la magia comenzó a suceder. La autoestima y la autoimagen del grupo empezaron a crecer, algo que al principio parecía inalcanzable se volvía real. De repente, todo el equipo comenzó a creer en que podía ser posible. Las estrategias implementadas resultaron ser un rotundo éxito, y aunque no las detallo aquí, es importante tener en cuenta que las ideas llegan en el momento adecuado. Al leer sobre las ideas, estrategias y tácticas de Walmart, me sentía abrumado. Implementar no se trata simplemente de copiar; cada situación requiere inspiración y pensamiento para resolver los retos que se van presentando.

Llegó la final de la Champions

A medida que implementamos las ideas con el fervor que habíamos inyectado en el equipo, algo extraordinario comenzó a suceder de repente. Nos sentíamos como en la final de un campeonato casi a diario. Manteníamos una alegría constante y emoción, respaldados por la fe y la confianza en el futuro. Sabíamos que lo estábamos logrando. Hubo días en los que superamos los $5,000 USD, $6,000 USD, e incluso llegamos a $9,850 USD en un solo día. La euforia era increíble; todo marchaba de manera asombrosa, en aquel negocio en el que no se vendía ni los $500 USD diarios.

Nos tomó aproximadamente 20 meses llegar, con aciertos y errores en el camino. Durante este tiempo, el aprendizaje se consolidaba, preparándonos para la gran transformación que estaba ocurriendo en la empresa. Alcanzar la meta es victorioso, pero nada se compara con el ascenso cuando nadie cree y tú sí crees. Día a día, guiar al equipo hacia ese objetivo, con pasión y entrega, nos permitió empezar a lograrlo poco a poco. El proceso fue tan gratificante como el resultado final.

En medio de la ebullición y la efervescencia, la calistenia me brindaba la oportunidad de presentar al equipo la nueva meta. Como líder, había elevado el estándar y ahora era mi turno de elevar también el nivel del equipo. Fue en ese momento cuando añadí simplemente un cero a la meta anterior y me propuse un nuevo objetivo: vender $100,000 USD diarios en un municipio pequeño, con no más de veinte mil habitantes.

Decir que lo logramos es importante, pero a la larga no enseña tanto como el proceso de cómo lo logramos. Querido lector, tú también puedes lograrlo encontrando tu propio mapa.

Llegas a tu meta, sube el nivel

Nos encontrábamos cerca de alcanzar la meta de los $10,000 USD diarios, pero decidí elevar el listón una vez más. De lo contrario, entraríamos en una zona de conformidad que, con el tiempo, transforma a un equipo altamente productivo en uno desalentado y apático. Son nuestros sueños los que nos motivan, y dedicamos nuestro esfuerzo incansable en construir el futuro que tenemos por delante.

Recuerdo aquel día en el que casi alcanzamos los $12,000 USD. Sonreí y supe que estábamos a punto de superar la barrera de los $10,000 USD.

En medio de esta cadena de pensamientos y oraciones, aplicamos las ideas y estrategias que habíamos planeado. Nos dimos cuenta de que, con perseverancia, podríamos alcanzar los $32,000 USD en un solo día. Nunca antes había sentido tanta euforia, porque la estrategia que tenía en mente para lograrlo ya estaba clara.

Detallar la estrategia para alcanzar los $10,000 USD o incluso los $100,000 USD no es tan crucial como tener la certeza de que tus estrategias serán igual de efectivas. La mente cuando se enfoca o se pone en "jaque", dará las ideas como se ha explicado con la oración, tener fé en encontrar las respuestas que realmente necesitas. Recuerda siempre que estás hecho a imagen y semejanza de Dios.

Podría hablarte sobre los diversos estados emocionales que experimentaba el equipo mientras vivíamos esto, pero sé que tú también los vivirás. Recordarás esta etapa como si estuvieras en mi equipo y yo fuera parte del tuyo ahora.

Se van a reír, pero tú sigue.
Se van a burlar, pero tú sigue.
Van a dudar de ti, pero tú sigue.
Tus socios no te van a apoyar, pero tú sigue.
Haz el trabajo como si fuera para Dios, eso nos enseña la palabra, y así es como hay que hacerlo.

Vas a vivir experiencias que te harán crecer, vas a aprender y a resolver problemas que se te presentarán. Imagina esto: cada nueva solución que encuentres en tu vida, en tu emprendimiento, te llevará a nuevos desafíos. Abraza los problemas, porque la forma en que los enfrentas determinará tu crecimiento. Quien se levanta ante un problema derrota al gigante, pero quien se deja vencer, no lo logra. Tú eres el David de tu propia historia.

La dificultad y la prueba

El desespero de no vender, junto con la angustia por cubrir los gastos fijos; la preocupación constante por pagar la nómina y la difícil situación de tener que decidir despedir a personas que creyeron en ti y a quienes finalmente habías llegado a creerles.

Cuando las cosas no van bien, los estados de ánimo son cambiantes; los proveedores llaman y todos quieren dinero, incluyéndote a ti. Pero en esta quincena tampoco cobras; llevas meses sin cobrar y el casero parece que ha dejado de ser tu mejor amigo.

En todo momento, y especialmente en momentos de dificultad, es cuando realmente descubrimos quiénes somos y de qué estamos hechos. En situaciones difíciles, decidimos qué versión de nosotros mismos sacaremos adelante: si la de un gladiador o la de un cobarde.

En estos momentos es cuando más esperas apoyo de tus socios, especialmente si es una organización. Para crecer, se enfocarán en encontrar soluciones reales. En caso contrario, solo tendrás una junta quejándose porque no ven los resultados esperados.

A pesar de Todo, Mantén el Enfoque

Incluso cuando los indicadores digan que estás perdiendo, concéntrate en tus sueños y metas. En los momentos de adversidad, que siempre van a surgir, considera que es solo el examen que la vida te está pasando para determinar si estás preparado para la bendición que viene en camino.

Una mentalidad audaz es fundamental para construir las bases de algo grande. Debes espantar tus miedos y alejarte de las personas a tu alrededor que te infunden temor, incluso si son seres queridos. Es difícil aceptarlo, pero así es. Curiosamente, los más temerosos suelen ser los más cercanos a nosotros. De alguna manera, intentan protegernos del dolor y el sufrimiento. Sin embargo, también existen personas que no quieren que triunfes, porque si lo haces, pondrían de manifiesto su propia falta de capacidad. A menudo, no te lo dicen directamente, pero sus acciones hablan por sí solas.

Alejarse en términos de lo que estás haciendo no implica necesariamente romper relaciones. Simplemente significa que algunas personas no tienen suficiente información sobre tu camino. Organiza tu vida de manera que no permitas que información que pueda preocuparles llegue a sus oídos. Esto no sólo preservará tu salud mental, sino que también beneficiará a tu entorno.

Si te encuentras en una situación en la que tu pareja se opone o está completamente en desacuerdo con lo que estás haciendo, estás frente a una situación muy compleja. A menos que la relación sea sólida y esté basada en la comprensión y el apoyo mutuo, podrían enfrentar desafíos significativos.

Los problemas siempre estarán presentes; es algo normal. No podemos esperar saberlo todo antes de iniciar un emprendimiento. Solía ser de aquellos que dedicaba su vida a aprenderlo todo antes de empezar a hacerlo. Sin embargo, en la práctica, me di cuenta de que este no es un buen camino. Aprender sobre negocios en teoría sin ponerlo en práctica es completamente antipedagógico.

Cada problema tiene múltiples soluciones; simplemente escoge la mejor. Recuerdo haber escuchado esta lección en una conferencia hace tiempo. La oradora compartió que le había costado miles de dólares aprender esta lección. Ahora, tú también te beneficias al leerla.

Esta tecnología te permite alcanzar lo que realmente deseas en la vida. Presta atención y concéntrate en esto: lo más importante que necesitas es **SENTARTE A PENSAR, TOMAR UNA HOJA DE PAPEL Y UN LÁPIZ**. Por extraño que parezca, lo único que necesitamos es sentarnos a pensar y enfrentarnos a encontrar la solución. Es fascinante cuando te das cuenta de que eso es todo lo que se necesita.

¿Qué es lo que deseas? Siéntate a pensar en cómo conseguirlo. Al principio, las ideas pueden no fluir fácilmente, pero esto es cuestión de entrenamiento. Cada vez que vuelves a intentarlo, se vuelve más fácil. Recuerda que todo es entrenable, mejorable y aprendible. Así que, ¡adelante!

En la crisis apareció la oportunidad

Ahora ya no soy socio, algo que experimenté en carne propia, una situación similar al de Steve Jobs (guardadas las proporciones). He visto la famosa película sobre Jobs varias veces, y nunca imaginé que podría vivir algo parecido. Saber que de alguna manera podía experimentar lo que él sintió y vivió fue impactante. Tuve la magnífica oportunidad de vivirlo, y así sucedió.

Estábamos entusiasmados con la idea de alcanzar los $32,000 USD en un día. De repente, la misión estaba clara y estábamos listos para entrar en acción. La alegría y euforia que sentíamos solo se comparaba con la que experimenté cuando fui campeón nacional. La sensación que tenía el equipo en ese momento era realmente sensacional.

Estando en este proceso, recibí un mensaje que decía: "No eres dueño de nada, no has firmado documentos". Aunque sabía que sí lo era, esa vocecita interna me retó a demostrarlo, y así lo hice.

En días anteriores, esa vocecita interna me advertía sobre el tema, pero yo argumentaba diciendo: "No entiendes, tenemos un acuerdo verbal y confío en esta persona". Hubo varios pensamientos al respecto, hasta que finalmente esa voz empezó a tener efecto en mí. Decidí tomar las medidas necesarias y elaborar los documentos pertinentes.

Hago la llamada inesperada, la que no quieres hacer pero sabes que tienes que hacer. Al decidirme a hacerla y darme cuenta de que la vocecita tenía razón, entré en un estado de negación. Lo primero que hice fue corroborar personalmente este hecho.

Muchas cosas pasaron por mi mente. Me sentía utilizado, completamente defraudado y muy triste por lo que había escuchado. Sin embargo, decidí ir a escucharlo personalmente. Estaba furioso; no era la mejor actitud, pero la oración con Dios poco a poco me fue tranquilizando. Mientras manejaba para ir a la confrontación verbal, el alegato previsto iba a ser incendiario. Sin embargo, al repetir la charla en mi mente durante las casi tres horas que manejaba el carro, bajaba de temperatura.

La mente en esta situación piensa en muchas cosas. La poca claridad que tenía al respecto me llevó a poner freno de mano a la estrategia. Por primera vez, hice un auto saboteo en mi vida consciente. Sentirte de esta manera, al saber que todo lo que hiciste en 20 meses de trabajo, de pronto se esfuma y desaparece sin darte cuenta (llegamos a la meta del 2000% en veinte meses), es desgarrador.

Cuando llegué, estaba calmado y tranquilo. Durante ese lapso de tiempo. Me encontré en una situación inesperada: confirmaron que no era socio, sino simplemente un vendedor con comisión por ventas. Pasé de ser el dueño del letrero a convertirme en su mejor vendedor. La noticia no me sentó bien; no era la respuesta que esperaba ni la realidad que había imaginado para mí.

Subiendo la montaña

Subir la montaña y orar se convirtió en mi ritual personal en situaciones que requerían concentración y solución. Me inspiré en las prácticas del antiguo testamento. Si eres creyente, te invito a hacer lo mismo; si no lo eres, inténtalo de todas formas, y verás cómo las soluciones comienzan a aparecer.

"Subir la montaña y orar se convirtió en mi ritual personal en situaciones que requerían concentración y solución."

Subí la montaña en busca de sabiduría y respuestas. En ese momento, el negocio estaba en su punto máximo, pero yo sentía que estaba construyendo un gran edificio para otra persona. La frustración y la confusión se apoderaron de mí mientras buscaba orientación en lo alto de la montaña.

Recordaba las palabras de Jeremías 33:3: "Clama a mí y yo te responderé, y te enseñaré cosas grandes y ocultas que tú no conoces". Mientras subía la montaña, repetía esta oración con desesperación, llorando como si algo me hubiera roto el alma y necesitara gritar al universo en busca de respuestas.

Mientras subía la montaña, buscaba respuestas. Aunque no era fácil de entender, creo que lo que hice fue clamar. Y lo mejor de todo, encontré lo que estaba buscando.

Subí la montaña durante más de tres horas, recorriendo aproximadamente tres kilómetros. A medida que ascendía, no encontraba las respuestas que buscaba, pero seguía con el propósito de encontrarlas. Cuanto más subía, más cerca estaba de encontrarlas, aunque pensamientos de desesperación emocional me asaltaban.

De repente, llegué a un lugar donde había un mapa que había visto ocho años atrás. En ese entonces, había subido con el propósito de hacer ejercicio, pero no tenía suficiente tiempo para llegar a la cascada Joaquina. Ahora, en busca de respuestas, estaba decidido a llegar.

La primera vez que subí, hace como 8 años, llegué hasta cierto punto y regresé por falta de tiempo. En esta ocasión, mientras subía, recordaba hasta dónde había llegado y estaba contento porque ahora sí iba a conocer la cascada. El ascenso era pronunciado y, entre más subía, más cansancio físico tenía. Esperaba llegar lo más rápido posible, caminando y apreciando el paisaje que estaba ante mí.

Después de varios minutos de caminar hacia la cascada, llegué a otra carretera en lugar de la cascada. Vi una casa y pregunté a unos señores si conocían la cascada Jacinta (en realidad se llama la Joaquina, pero se me pegaba más este nombre). Uno de ellos me indicó la dirección para llegar a ella. Su explicación fue que tenía que devolverme un poco más de 500 metros, exactamente por donde había subido.

No lo entendía. Estaba cansado, deprimido y de mal humor. El ser amable no era mi principal característica en ese momento. Le dije: "Pero el mapa decía que aquí debía estar". Tenía tal actitud que, para mis adentros, creía como si el señor tuviera la culpa de que no estuviera la cascada en el camino por el cual había creído que estaba la cascada."

Bajando la Montaña

Mientras bajaba la montaña, seguía pensando en mi búsqueda y en las preguntas que me hacía. A pesar de haber recorrido la mitad del camino, aún no había encontrado la respuesta que buscaba. Dudaba incluso que la encontrara, especialmente cuando más la necesitaba. En ocasiones anteriores, había encontrado respuestas mientras subía la montaña con un propósito. Ahora era diferente.

De repente, escuché un ruido en medio de la selva. Me acerqué y el ruido se incrementó. Me asusté y corrí. Creí que era una serpiente cascabel, pero como no tenía experiencia con ese tipo de sonidos, podría estar equivocado.

Finalmente, llegué al punto de partida donde estaba el mapa. A diferencia de la primera vez que subí, me encontré con unos lugareños a quienes les pregunté por la cascada. Me señalaron la dirección correcta para llegar a ella y me ofrecieron acompañarlos. Eran tres, y uno tenía un machete. Mi instinto de conservación me dijo que no, así que agradecí y ellos se fueron.

En el mapa, que era un letrero de uno y medio metros de ancho por dos de largo, había unos arbustos que separaban el camino que había tomado de la verdadera ruta hacia la cascada. No vi la verdadera ruta ni la primera ni la segunda vez que subí. Al principio, estaba convencido de que el camino que había tomado años atrás era el correcto, pero como no lo alcancé a concluir, nunca supe si realmente llevaba al destino, a la cascada.

Muchas veces en la vida, nos confundimos y tomamos el camino equivocado porque no hemos concluido los procesos o cerrado los ciclos. Solo cuando concluimos y cerramos los ciclos, sabemos hasta dónde podemos llegar. Mientras tanto, tendremos una experiencia vacía y sin significado que no nutrirá nuestra existencia. Esto nos lleva a dar vueltas en la vida y regresar al mismo punto de partida.

Después de despedirme de los señores y ponerme en marcha para bajar la montaña, iba sonriendo. El mensaje y la respuesta había llegado, y el objetivo principal por el cual había subido estaba claro. Me llegó el mensaje con tanto poder y contundencia que sonreía agradecido. Había tenido la revelación.

La revelación

Estaba feliz y emocionado, porque el mensaje llegaba con mucha fuerza y era tan claro, que mis lágrimas ahora eran de alegría. Sentía un alivio en el alma y la potencia de mi corazón latía en agradecimiento a Dios, porque había recibido la respuesta. Entendí todo y le di gracias a Dios por todo. Todo lo que te pasa es para bien, cuando aprendes a ver el lado positivo de las cosas. Mi ímpetu se estaba cargando de nuevo para otro comienzo, aunque no sabía en qué. Lo único que sabía era que ya estaba mejor.

> **"Todo lo que te pasa es para bien, cuando aprendes a ver el lado positivo de las cosas."**

Entendí todo y, gracias a Dios, todo lo que te pasa es para bien. Aprendí a ver el lado positivo de las cosas y mi ímpetu se estaba renovando para un nuevo comienzo, aunque no sabía exactamente en qué consistiría. Lo único que tenía claro era que ya me sentía mejor.

Recuerdo un cuento que compartió el pastor de la iglesia. Narra la historia de un rey y su escudero. El rey, montado a caballo, se golpea con la rama de un árbol. El escudero le dice: "Gracias a Dios". El rey, un poco malhumorado, lo mira de reojo. Más tarde, el rey, preparando su escopeta, se le dispara accidentalmente y se vuela parte de un dedo.

El escudero vuelve a decir: "Gracias a Dios". Esta vez, el rey ordenó inmediatamente encerrar al escudero. Meses después, unos indios capturan al rey y planean ofrendar a los dioses. Cuando está a punto de ser sacrificado en la hoguera, el brujo o maestro de la ceremonia revisa la ofrenda. Observa la cabeza, brazos, el abdomen y el pecho, todo está bien. Sin embargo, al revisar los pies, se da cuenta de que la ofrenda está defectuosa y decide liberar al rey por este motivo.

De vuelta en el castillo, luego de ser liberado, el rey mandó llamar al escudero y le cuenta lo sucedido, pidiéndole disculpas avergonzado. El escudero, mirando al rey con calma, le dice: "No, por todo hay que darle gracias a Dios. Si hubiera ido con usted, a mí me habrían ofrendado a los dioses. Siempre estuve a su lado. Por todo, dale gracias a Dios.

Este mensaje resonaba en mi mente con fuerza y las palabras me maravillaban. Mi entusiasmo crecía y la tranquilidad volvía a mí.

Revisa el mapa

El mensaje comenzó a resonar en mi mente, revelándose que años atrás no había logrado llegar a la cascada debido a la falta de un mapa. Aunque el mapa siempre estuvo ahí, la primera vez que intenté subir, no le presté mucha atención. Pero esta vez era diferente, ahora que lo había visto, comprendí la importancia del mapa en la vida.

En ese momento, los recuerdos de todo lo que había vivido vinieron a mí: los éxitos y fracasos que me habían moldeado en la persona que soy hoy. Había visualizado la meta de vender $100,000 USD en un día gracias a todo el proceso por el que había pasado. Cumplir con esta meta y la forma de hacerlo se convirtió en el mapa que había estado trazando a lo largo del tiempo.

Ahora sabía cómo establecer metas grandes en la vida y alcanzarlas. Comprendí que lo fundamental era saber qué quería hacer con mi vida; el "cómo" vendría por añadidura. Solo tenía que atreverme a hacerlo y arriesgarme en el camino. A pesar de que había estado construyendo mi propio negocio, había enfrentado desafíos legales en el pasado, algo que no era nuevo para mí.

Al ver el mapa, todo se volvió claro. Al hablar con los campesinos, la claridad se hizo aún más evidente. Ahora sabía que podía iniciar de nuevo en otra actividad y que en ese nuevo camino podría trazar un nuevo mapa para mí mismo, ya sea en la industria que decidiera enfocarme nuevamente.

El mensaje resonaba con fuerza y todo se entrelazan en mi mente, aunque plasmar esa misma sensación en palabras escritas resultaba desafiante. En resumen, el proceso para descubrir cómo vender $100,000 USD diarios era el fruto de las experiencias vividas: este era mi mapa y podría ser también el tuyo.

En mi primer intento de subir la montaña, no llegué debido a la falta de claridad en el mapa y la ausencia de alguien a quien preguntar. Esto me llevó a la conclusión de la importancia de aprender a obtener un mapa con la sabiduría y experiencia que uno tiene en ese momento. La cantidad de experiencia no importa tanto como la acción de hacerlo; en el camino, se aprende y se comprende todo. A medida que mantengamos el enfoque, desarrollaremos la madurez suficiente para sacar adelante cualquier proyecto o propósito en la vida.

"La cantidad de experiencia no importa tanto como la acción de hacerlo; en el camino, se aprende y se comprende todo."

Todo estaba claro, al menos así lo pensaba. Reflexioné sobre esta verdad y comprendí que ahora podía crear mi propio mapa. Me di cuenta de que era capaz de ser el constructor de mis propios mapas, diseñados para mi uso personal. No podría hacer un mapa a medida para alguien más; tendría que conocer profundamente a esa persona para poder ayudarla. Por eso, preferí compartir esta historia como un ejemplo para aquellos que estén preparados para trazar su propio camino hacia el éxito.

La segunda vez que intenté subir, tampoco lo logré. Aunque había visto el mapa, no logré comprenderlo y no tenía a quién preguntar. De alguna manera, esta historia es mi manera de escucharte y acompañarte en la construcción de tu propio mapa hacia el éxito.

Aprende a leer el mapa

Al día siguiente, mientras aún reflexionaba sobre lo que me había sucedido, llegó mi sobrino, ese ser querido que vino en busca de consejo en uno de los momentos más reflexivos de mi vida. Le conté todo el proceso y él se convirtió en la primera persona en escuchar esta historia completa.

Emocionado, me dijo que quería ir a la cascada. Le respondí: "Vamos, yo tampoco la conozco". Miré el reloj, eran pasadas las dos de la tarde. Hice algunos cálculos mentales y decidí acompañarlo. Subimos en moto hasta el punto donde se podía llegar en vehículo, la estacionamos y le expliqué el camino incorrecto que había tomado en mis primeros intentos. Con certeza, le dije: "Es por aquí".

Empezamos a correr emocionados por llegar rápidamente. Seguíamos avanzando, él corría con agilidad a mi lado. Más adelante, me di cuenta de que ya no estaba a mi lado. Me devolví y lo animé a seguir más rápido. Continuamos corriendo y, en nuestra prisa por llegar, llegamos a un punto en el que nos dimos cuenta de que necesitábamos más tiempo. Había una bifurcación en el camino; tomé el camino que bajaba, pero unos metros más adelante me sentí perdido con respecto a la cascada, así que decidimos regresar.

Mientras tanto, recibí una llamada de una amiga. Hablamos sobre negocios, crecimiento espiritual y otros temas. Me enteré de que Mike Tyson había vuelto a pelear esta madrugada; aunque claramente ganó, estaba acordado el empate, ya que era una pelea de exhibición. También supe que Elon Musk había subido al segundo lugar de la lista de los hombres más ricos del mundo. Admiro profundamente a estos dos exponentes por su capacidad para construir su propio mapa hacia el éxito en sus respectivos campos.

De regreso a la oficina, subimos en la moto y bajamos de la montaña sin haber visto la cascada. No teníamos tiempo, pero hicimos un compromiso: escribir este libro. Esta historia debía ser contada, y así se lo prometí al sobrino.

Unos días después, tuve la oportunidad de contarle esta historia a una amiga. Ella, tan encantadora y delicada, me escuchó con entusiasmo y me siguió atentamente mientras le contaba hasta dónde llegaba el relato. Se emocionó con la historia y decidió acompañarme en la subida a la montaña para conocer la cascada juntos.

Planeamos el ascenso, pero esto ya es un detalle. El mensaje importante es aprender a construir el mapa. Cada persona debe aprender a trazar su propio camino, y los mentores en el camino te ayudarán a acortar el proceso.

Encontrando un guía o mentor

El domingo siguiente, después de haber hecho el compromiso de subir a la montaña con mi amiga y no encontrar a nadie más para acompañarnos se desanimó en subir, entonces decidí subir sólo. Esta vez fue la vencida, el cuarto intento.

Tenía un propósito diferente en mente en esta ocasión, algo que está fuera del contexto de este libro. Solo diré que mi intención recibió una respuesta positiva.

Cuando llegué al punto del mapa, empecé a notar algunas diferencias significativas. Estudié el mapa con detenimiento y de repente, apareció un joven de unos 14 años aproximadamente. Le pregunté si conocía la cascada y me confirmó que sí. Los señores en mi segunda subida no conocían la cascada, lo que me enseñó la importancia de saber a quién preguntar y qué preguntar.

Le expliqué que en el camino hacia la cascada había dos senderos, uno que bajaba y otro recto. Él me dijo que siempre camine recto y nunca bajando. Así que decidí seguir su consejo y emprendí mi viaje hacia la cascada.

Descubriendo la cascada

El sonido lejano de una cascada empezó a llenar el aire mientras se adentraba aún más en la espesura de la vegetación. Cada paso que daba acercaba al destino, aunque el camino estaba empapado y resbaladizo, y los pequeños riachuelos que cruzaba mojaban mis zapatos. La humedad colgaba en el aire, y la vegetación crecida indicaba que nadie había pisado ese lugar en años.

Después de caminar un largo kilómetro, finalmente llegó a un claro en medio de la selva. Ante mis ojos asombrados se reveló un espectáculo de la naturaleza: una cascada majestuosa, alta y poderosa, que caía en una piscina natural de agua cristalina. Pero lo más asombroso de todo fue el arcoíris que bailaba en las gotas de agua, creando un espectáculo de colores deslumbrantes que iluminaba el paisaje.

Me acercó cautelosamente a la cascada, las pequeñas partículas de agua me envolvían. Se sentía como un regalo del cielo, como si la naturaleza misma estuviera celebrando la llegada.

La emoción me invadía mientras me sumergía en la piscina natural. El agua fría lo envolvía, y la fuerza de la cascada golpeaba mi cuerpo con una energía revitalizante. Se sentía como si estuviera en un sueño, como si hubiera descubierto un tesoro perdido durante siglos.

En ese momento, me sentí como un verdadero descubridor, como un pionero que había encontrado un rincón secreto del mundo. La euforia inundó mis emociones mientras me dejaba llevar por la maravilla de la cascada, agradecido por haber perseverado en su búsqueda a pesar de los desafíos del camino.

Y así, en medio de la selva, encontré no solo la belleza de la naturaleza, sino también un sentido de logro y asombro que me acompañaría para siempre. Mí corazón latía al ritmo de la cascada, y su espíritu se elevó con la magnificencia del arcoíris.

Al observar el mapa, me di cuenta de que había otra ruta más cercana a la carretera, estimé que estaba a unos 100 metros de distancia, en lugar de los 1.000 USD que tenía que recorrer por donde me dirigía. Entendí que lo mejor era aprender a leer el mapa correctamente y buscar la ruta más corta.

Mientras caminaba hacia la cascada, me di cuenta de que si aprendía a interpretar mejor el mapa, podría llegar más rápido. La idea tenía sentido para mí. Visualicé llegar a la cascada y regresar por el otro lado para demostrar la importancia de acortar el camino y aprender a leer el mapa de forma efectiva.

Sin embargo, al llegar y maravillarme de la cascada, me decepcioné al darme cuenta de que no había una ruta corta. El mensaje se modificó: ya no se trataba de aprender a acortar el camino, sino de seguir el mapa correctamente.

En la vida, a menudo buscamos atajos y formas rápidas de hacer las cosas, sin saber cuándo nos llevarán al éxito. En estos momentos, **la determinación y el ímpetu son lo que realmente marcan la diferencia entre el éxito y el fracaso**. Además, el fracaso, visto como aprendizaje, es beneficioso para nuestro desarrollo humano, a pesar de lo que se piensa fuera del mundo del emprendimiento.

> **"En la vida, a menudo buscamos atajos y formas rápidas de hacer las cosas, sin saber cuándo nos llevarán al éxito."**

Si otros ya han encontrado el camino, es importante aprender de sus experiencias. Estos son los mentores, personas que ya están en el camino al que queremos llegar. Sus historias de éxito y fracaso pueden ser una fuente de inspiración para nosotros. En mi caso, el mapa estaba bien hecho, pero las suposiciones y una mala interpretación me llevaron a conclusiones erróneas, distorsionando el verdadero mensaje.

"Si otros ya han encontrado el camino, es importante aprender de sus experiencias."

Esta experiencia me hizo recordar una historia sobre un rey que convocó a un consejo de sabios para crear un documento que pudiera guiar a cualquiera que lo leyera, brindándole el control sobre su destino. Los sabios se reunieron durante cinco años y presentaron doce tomos sobre cómo lograrlo. El rey, al ver los libros, pidió algo más corto. Cinco años después, volvieron con un solo libro, pero aún parecía demasiado largo para el rey. Después de otros diez años de trabajo, presentaron una sola hoja en la que estaba escrito: **"NO HAY ATAJO SIN TRABAJO"**.

La conexión

El mapa de la cascada me llevó a entender, que para el negocio había construido a lo largo de mi vida diferentes métodos que concluyeron en la construcción de unas metas altas. Y de conseguir estas metas de la misma forma en que se logró llegar a la cascada, como en un símil, la vida misma actuando como la gran maestra que es.

Este símil de entender el mapa para llegar a la cascada y de llegar a conseguir grandes metas en los negocios, produjo este resultado.

Cerrar el ciclo y seguir adelante

La conversación final con el socio, que no fue confrontativa sino más bien una charla entre caballeros, comprendí la importancia de estar agradecido por todo lo que sucede en la vida. En ese momento, puede que no entiendas la lección que Dios te está enseñando, pero mirando retrospectivamente, me di cuenta de que había ganado más y tenía más tiempo libre para disfrutar de la vida. Esto no tiene precio. El mapa que estaba construyendo en ese momento iba por buen camino, y estaba creando varios mapas para mí mismo.

La reunión se convirtió en una explicación mutua de lo que cada uno había dicho, pensado y creído. Llegué a la conclusión de que había sido un problema de comunicación. Él se quedó con la empresa, yo con el mapa, y ambos estábamos felices con lo que Dios nos había destinado.

Profundizar en los detalles de esta historia no es el propósito de este libro, y sería injusto expresar mi posición aquí, ya que la verdad es holística, y mi contraparte también tiene su razón en este asunto.

Aprende a extraer lo más valioso de la vida; en cada momento, hay enseñanzas de sabiduría que el mundo necesita conocer, y tú puedes ser el maestro que todos necesitamos para vivir mejor.

"En cada momento, hay enseñanzas de sabiduría que el mundo necesita conocer, y tú puedes ser el maestro que todos necesitamos para vivir mejor."

Es momento de reinventarse una vez más. Hay que mantener una actitud positiva, confiar en el presente y tener una perspectiva clara del futuro.

Steve Jobs, tras dejar Apple, se reinventó y revolucionó nueve industrias diferentes. En el film sobre su vida, eventualmente regresa. No sé si algo similar sucederá en mi caso. Lo único cierto aquí y ahora es enfrentar la reinvención con pasión y confianza en el futuro.

"En la vida, no obtenemos lo que merecemos, sino lo que negociamos por escrito."

Tras liberarme de esa situación y con la mente despejada, llegaron las ideas y la creatividad fluyó. Revisé los recursos disponibles y enfoque la capacidad de trabajo. Si ya lo había logrado una vez, podría hacerlo de nuevo. Un verdadero campeón debe revalidar su título una y otra vez, mientras tenga la energía para seguir compitiendo.

"Lo que sucede en tu mente es más divertido que las redes sociales"

Cuando estás verdaderamente enfocado en tus metas, experimentas una historia interna tan espectacular que eclipsa cualquier distracción externa. La fascinación por lo que estás logrando se vuelve tan intensa que las redes sociales, plataformas como TikTok, Facebook o Instagram, y otras formas de entretenimiento pierden relevancia. Al llegar a casa, al recostarte por la noche, cierras los ojos y te sumerges en la película de tu vida, te das cuenta de lo increíble que está sucediendo.

En ese estado de concentración, lo que ocurre en tu mente se vuelve más emocionante que lo que sucede a tu alrededor. La maravilla de tu propia narrativa, de tus proyectos y recuerdos, adquiere una importancia significativamente mayor que lo que podría estar ocurriendo en las redes sociales, noticias internacionales o avances tecnológicos. Este enfoque profundo en tus objetivos crea un mundo interior tan vibrante y enriquecedor que se convierte en una fuente de satisfacción y significado, superando las distracciones externas.

Cuando alcanzas el punto cuando lo que sucede en tu vida es más fascinante que cualquier cosa en una red social, te das cuenta de que estás soñando en el máximo nivel que tu mente te permite. Este estado revela que estás en camino de lograr algo grande, algo gigante. Este nivel de enfoque y dedicación solo se alcanza cuando estás realmente comprometido en desarrollar tu máximo potencial. Estás en el umbral de conquistar metas significativas y alcanzar niveles extraordinarios de éxito.

Segunda Parte Construye tu mapa

Cómo construir el mapa

En la primera parte, se detalló prácticamente todo lo ocurrido en un estudio de caso que llevó al éxito con un aumento en las ventas del 2000% en un periodo de veinte meses. Ahora, nos enfocaremos en construir un mapa, una metodología que pueda aplicarse en diferentes contextos y culturas. El objetivo se alcanzó, pero lo verdaderamente esencial es transmitir al lector que también puede lograr lo que se propone, conseguir lo que se propone es fácil, determinar que proponerse es lo complejo y donde más tiempo pierde el ser humano, incluso la falta de propósito terminan con una vida que pudo brillar.

Todo comienza con un acrónimo desarrollado a partir de la experiencia, el cual ayudó a generar ideas claras para enseñar cómo otra persona pueda construir su propio mapa. Este acrónimo es Vimas, que se refiere a: Visión, Metas, Actividades a ejecutar y Seguimiento.

Estos elementos son fundamentales para desarrollar una agenda de trabajo, producto de una serie de planes a ejecutarse para pasar del punto A al punto B.

Un Vimas completo se lleva a cabo en un lapso de cuatro años, empleando la analogía del ciclo olímpico.

Así como los atletas de alto rendimiento se preparan para su mejor actuación y superan récords olímpicos, en tu emprendimiento y en tu vida, se planificará para conseguir estos resultados en tu campo. Cada año se divide en cuatro planes a ejecutar cada tres meses, lo que da lugar a cuatro microciclos en un año, dieciséis microciclos en un periodo de 4 años.

Visión: La visión es una declaración a largo plazo que describe el estado futuro deseado de una organización, empresa o individuo. Es una imagen clara e inspiradora de lo que se quiere lograr en el futuro.

Meta: Una meta es un objetivo específico y cuantificable que una persona, organización o empresa se esfuerza por lograr en un período de tiempo determinado. Las metas son concretas y se establecen para medir el progreso hacia el logro de objetivos más amplios. Son declaraciones claras y definidas que describen lo que se pretende alcanzar y proporcionan una dirección clara para la acción y el enfoque. Las metas son alcanzables y realistas, y se establecen con plazos definidos para evaluar el éxito y el progreso en el camino hacia el logro.

Actividades a Ejecutar: Las actividades a ejecutar se refieren a las tareas específicas y acciones concretas que deben llevarse a cabo para alcanzar un objetivo determinado y conseguir la meta propuesta. Estas actividades son acciones planificadas que forman parte de un proceso o proyecto y están diseñadas para cumplir metas y objetivos predefinidos. Pueden variar en complejidad y escala, y a menudo se organizan en secuencias lógicas para garantizar un progreso ordenado hacia el logro de los resultados deseados. Estas acciones son fundamentales para implementar estrategias, completar proyectos y alcanzar metas establecidas, y requieren una asignación adecuada de recursos y un seguimiento adecuado para asegurar su ejecución exitosa.

Seguimiento: El seguimiento se refiere al proceso de monitorear y evaluar el progreso hacia el logro de las metas y actividades a ejecutar establecidas. Implica revisar regularmente el desempeño, identificar áreas de mejora y hacer ajustes necesarios en las estrategias para asegurar que se avance en la dirección correcta.

En la tabla Vimas a tres meses, está un ejemplo como referencia, en la primera columna los días del 1 al 90, y en la primera fila se encuentran las actividades a ejecutar, en los extremos se encuentran los porcentajes de cumplimiento, que deben estar en el 100%.

Por ejemplo la actividad 1 se ejecutó diariamente logrando el 100%, las siguientes actividades terminaron con un 50%, 30% y 20%. En el día 1 se realizaron las tres actividades programadas, con ello tiene una puntuación del 75%, de logros. Esto para poder hacer el seguimiento diario a las actividades a ejecutar. Un seguimiento correcto garantiza que las metas propuestas se cumplan y con ello la visión. Cuando las actividades a ejecutar planteadas no son tan efectivas, estás se cambian, lo importante es conseguir la meta, ideas mejores pueden aparecer de repente y si hay que cambiar una actividad, se cambia para cumplir las metas propuestas.

La visión clara o los sueños claros de qué es lo que en realidad se quiere desarrollar, es lo más difícil de hacer en realidad, cuando se consigue la claridad en qué es lo que se quiere, el cómo, con el tiempo se va organizando, no hay que esperar a tener todas las respuestas al principio, al principio lo único importante es tener claridad para dónde se va, luego de reflexiones y oraciones en fé y agradecimiento, las ideas más espectaculares van a llegar.

CONSTRUCCIÓN DEL MAPA VIMAS EN TRES MESES 1/16
Visión: Consolidar la empresa distribuidora como una cadena a nivel nacional, especializada en la venta al por menor y por mayor de una amplia variedad de productos no alimenticios. Con canales virtuales de comercialización para llegar a un público diverso y satisfacer sus necesidades.
Meta: Conseguir vender 10.000 USD diarios en un pueblo de menos de veinte mil habitantes.
Actividades a ejecutar: 1-Conseguir 10.000 USD de venta diaria.   2-Desarrollar un canal de distribución al por mayor en 32 municipios cercanos   3-Conseguir 3 proveedores para representar sus marcas en la región   4-Tener 20 clientes por mes con la estrategia Tras Tras Tras.

Día	Actividades a ejecutar				S Seguimiento
	1	2	3	4	
1	1	1	1		75%
2	1	1		1	75%
...	1	1			50%
88	1				25%
89	1		1		50%
90	1		1		50%
S	100%	50%	30%	20%	xx%

Tabla 1 Vimas a tres meses.

"no hay que esperar a tener todas las respuestas al principio"

Cuando el ¿Qué? ya está claro lo único que empieza hacer falta es determinar el paso a paso, las actividades a ejecutar, lo que hay que seguir por esta razón hay que enfrentarse a la hoja en blanco y empezar a escribir, considerándose esto último como la máxima tecnología para lograrlo todo, ahora cuando ya se está en ejecución cuando ya se está diariamente pensando en esto, soñando con conseguir determinados resultados, la clave siempre va a estar es en la oración que hacemos diariamente, porque es una oración que la hacemos con fé y con creencia en que esto va a ser real, que va a ser posible y dentro de poco tiempo o de x cantidad de tiempo, hay que creerse lo que uno realmente está pidiendo porque recordemos que la palabra nos dice "pide y se os dará".

Cuando se encuentra en el estado enfocado completamente en los sueños, no hay motivo para amargura, para estar triste para expresar algún tipo de sentimiento negativo, sino todo lo contrario, puesto que siempre está enfocado en conseguir prácticamente en realizar los sueños o la visión de la empresa, de la organización, que está destinado a desarrollar y para este caso, simplemente el enfoque es en trabajar, que poco a poco las ideas de ese o esos objetivos de qué es lo que hay que lograr, se van a ir consiguiendo poco a poco.

Mientras se mantiene en el estado de la expectativa, en este estado en el que se encuentra visualizando lo que realmente quiere, la energía es completamente positiva, la energía es agradable, la energía irradia al equipo de trabajo que está liderando. Es genial porque todo a tu alrededor van a ver una esperanza de que se tiene absolutamente claro qué es lo que quieres, y el cómo se va a desarrollar, o las ideas clave, las estrategias clave para poder llegar, poco a poco van llegando. En el ejemplo se logró la meta en veinte meses, no significa que la idea brillante llegó finalizando este periodo, no, la idea brillante llegó al tercer mes, y en la medida que llegó, se empezó a ejecutar.

La ejecución de las Actividades es una parte supremamente importante, porque si hay una idea brillante, la idea del millón de dólares, pero sí no se hace nada con esa idea, entonces no va a pasar nada porque la única manera, lo único realmente importante es que se pueda hacer, ejecutar las ideas que van a venir a la mente, con la mentalidad y la actitud correcta. Si estas ideas se trabajan con el equipo, el equipo de trabajo tiene que darle la suficiente energía, la suficiente información para que se empodere con ella y haga fluir la idea, como si fuera de ellos que la comprendan, que la entiendan, que la adopten siguiendo las indicaciones de su líder.

Al principio llegaban las ideas tipo tres de la madrugada, completamente dormido, descansando y no imaginaba que de esta manera las mejores ideas iban a llegar tan temprano en el día. Cómo no las anotaba, no las escribía, cuando ya despertaba no lograba recordar cuál era la idea, entre el sueño era un poco difícil levantarse a tomar nota, para poder analizar la idea a la luz del día. Esto pasó exactamente en tres ocasiones, llegaba la idea, pensaba que era genial y al otro día o rastro de cuál fue la idea, no fue sino hasta que decidí empezar a escribir en un cuaderno y el celular al lado, para hacer las respectivas anotaciones.

Obviamente no pasaba nada si primero no las anotaba, y si no las anotaba pues sí que menos ejecución iba a tener esa idea, entonces con el tiempo simplemente pensaba en lo buena que fue esa idea pero que no hice nada y era triste muy triste porque quedaba con la sensación de que había sido una idea brillante la que había tenido, por las noches durmiendo y algunos le llaman la mente subconsciente pero los creyentes sabemos que es Dios que empieza a manifestarse, y empieza a darnos las ideas claves que para poder lograr lo que realmente nos hemos propuesto. También es cierto que pueden llegar las ideas en cualquier momento, he experimentado tanto como estando dormido, como estando despierto.

Por qué recordemos y recordar es muy importante, por un instante ponte a pensar te encuentras gerenciando una empresa, esa empresa no vende más de $500 USD al día, pero que el enfoque en que esa empresa mueva $10,000 USD diarios, cuando ni siquiera estás llegando a los $500 USD.

Esto en la academia, en los libros técnicos, en la planeación, eso no se va a encontrar porque sencillamente, lo 'correcto' es que uno tenga un crecimiento de un 5%, de un 10% de año a año, o de pronto un poco más del 20%, pero crecimiento como el que se logró, requiere de otro tipo de conocimiento, son crecimientos exponenciales, completamente irreales. Inclusive la forma de escribir esto no puede ser digamos con otra base más que la narración de algo que sucedió, que no hay la menor duda, que si se implementa en otro contexto, en otra cultura, en otra empresa, con otra idiosincrasia, siempre y cuando los principios fundamentales que se están transmitiendo en este capítulo se puedan implementar, es completamente seguro que se pueda obtener los resultados más increíbles, que jamás te hubieses imaginado, dónde uno termina diciendo, "porque no soñe más en grande".

Entonces lo que queda es implementar bien la metodología, que es una metodología sencilla, que fácilmente la podría volver más compleja, y que para el que es metodólogo resulte satisfactoriamente adecuada, y muchas veces llenamos libros enteros, y la complejidad de las páginas hacen que se escriba y luego se olvide o no se use, está sencillez como se ve en la tabla 1, lo que busca es en una sola mirada enfocarse en lo importante.

Las herramientas necesarias para poder lograr grandes objetivos, se definen claramente con el acrónimo Vimas, y la clave de este proceso es la **REPETICIÓN,** nótese que al principio la meta aunque era alta, con el tiempo y la claridad de propósito de la organización, todos se enfocaron a conseguirla.

Al equipo de trabajo se les repetía diariamente, con la ejecución de las actividades la confianza y seguridad de que se iba a poder conseguir fue creciendo, los resultados después de meses de estar intentando fueron dando el resultado esperado. Los que veían que era una locura cuando oraba en las mañanas, pidiendo con fé y agradecimiento porque no son cosas normales, esto no es normal que cuando se vende menos de $500 USD diarios, quiera llegar tan rápido a vender $10,000 USD, mucho más cuando se llega a los $10,000 USD, que se planteó la nueva meta de subir la barrera para los $100,000 USD diarios, porque un cero hace o contribuye y permite que salgas completamente del estado de confort y no te conformes con menos, si hay la capacidad solo es cuestión de poner la meta y empezar a trabajar por ella.

Una reflexión, qué hubiese pasado si el enfoque en llegar a los $1000 USD o tal vez a los $2000 USD, de seguro estaría pivoteando entre $1000 USD y $2000 USD, que hubiese sido bueno, no voy a decir que no, el punto de equilibrio lo alcanzamos con $850 USD, entonces vender entre $1000 USD y $2000 USD era bueno.

Si el enfoque hubiese sido menos exigente, las ideas y la ejecución también pudieron ser menos exigentes en su aplicación. La energía que transmitía hubiese sido diferente y aquí es donde hay que ser claro con los emprendedores, es muy diferente cuando se está empujando una carreta de helados vendiendo en la calle, si sales a empujar esa carreta sabiendo en tu mente que en su momento vas a tener por ejemplo mil carritos de helados vendiendo en diferentes ciudades del país, la actitud es diferente, y el nivel de esfuerzo es a tal grado que en su momento tú vas a querer contar esa historia.

La gente que te escucha, la que te ve, la gente que ya te vea triunfar va a querer saber qué fue lo que hiciste, cómo lo hiciste, algunos nunca te van a creer que empezaste desde ceros, pero la verdad es que en la medida que vayas practicando en la medida que vayas haciendo este tipo de planeación, porque es una planeación que se hace cada tres meses mejor dicho te llega una idea la ejecuta la realizas, y queda ya completamente instaurada en tu quehacer cotidiano, y sigues por la siguiente idea y la siguiente mejora y la siguiente mejora, y si te pasas de mejoras en mejoras va a llegar el momento en que las grandes metas planteadas serán una realidad.

Pero ahora imagínate esto, está la persona empujando el carrito de helados y la única meta que tiene en el día, la única meta que tiene en la mañana es conseguir para el almuerzo, la meta de la tarde o de pronto para pagar el servicio público, entonces sale de mal humor, dice por qué me tocó a mí esta empresa, o sea por qué no hay más oportunidades, sale renegando de la vida. Sale renegando de las situaciones que le están pasando, no está mirando todo el panorama porque la visión que tiene esta persona es una visión que no le va a permitir crecer, pero si él supiera, que se dedique que emplee esta metodología o una parecida, él algún día va a poder tener una empresa de mil sucursales por ejemplo, cuán orgulloso y feliz y su autoestima por las nubes, pensando en seguir expandiendo o en otro negocio, en otra industria, los principios son los mismos.

Cómo se eleva la autoimagen, cómo se dispara ese ímpetu, si esta persona creyera que realmente lo va a lograr, porque la única razón por la cual no lo va a lograr, es porque no se lo ha propuesto por la visión que tiene.

Conseguir estos magníficos resultados entonces, no es más que enfocarse, en conseguir este tipo de resultados, seguir la metodología querer que se pueda, y aquí estamos para poder llegar a las grandes metas.

"Él no sabía que no se podía, simplemente lo hizo"

Cómo mantener la mentalidad ganadora

La mentalidad ganadora se adquiere al enfocarnos siempre en la visión que poseemos, no en la carga que llevamos. Siempre debemos concentrarnos en la visión, en el sueño que aspiramos lograr, y no en la carga del trabajo, el agotamiento físico o mental. Mantener nuestro enfoque en dónde queremos estar y lo que deseamos alcanzar nos proporcionará la energía necesaria para trabajar de manera ardua y constante cuando nuestra mente está fresca y en un ciclo positivo de pensamientos.

Es completamente normal, ya que somos humanos y nuestra emocionalidad experimenta ritmos que pueden afectar positiva o negativamente nuestras actividades diarias. Con el tiempo, estos ritmos pueden dispersarse, permitiendo que la procrastinación se instale y que cualquier obstáculo nos desvíe del verdadero objetivo. Es fácil trabajar cuando estamos entusiasmados, enfocados o cuando todo está bien en nuestra vida, pero en este momento debo ser claro: debemos acostumbrarnos a trabajar pase lo que pase a nuestro alrededor.

Las situaciones van a existir para todos, y lo que realmente necesitamos es enfocarnos en lo que queremos. El trabajo duro, constante e incansable es fundamental. Necesitas desarrollar una resistencia tal que prácticamente nada te derribe: ni la ruptura de una relación amorosa, ni ninguna situación por la que estés atravesando, ni los momentos dolorosos que puedas estar experimentando. Mantenerse firme frente a las adversidades es esencial para alcanzar tus metas.

No podemos esperar a que todo en nuestra vida fluya de la mejor manera para empezar a actuar, emprender y ascender la montaña de nuestros sueños más deseados. No puedes esperar a que todo sea perfecto. Incluso en los momentos de mayor adversidad, en medio del dolor y las dificultades, si te encuentras en uno de esos momentos, primero, comprende que no eres el único. Permíteme decirte que, si te enfocas, saldrás victorioso. No permitas que las situaciones te derriben.

Conéctate contigo mismo y busca toda tu energía en los sueños que ansías cumplir. Imagina cómo te sentirás cuando logres alcanzar esos sueños, cómo sonreirás incluso en medio de las adversidades. Recuerdo, por ejemplo, la película "Manos Milagrosas", donde se narra la historia del doctor Ben Carlson interpretado por Cuba Gooding Junior. A pesar de perder a sus propios hijos en un momento difícil de su vida, la película destaca la actitud, disposición y servicio del médico para cumplir con su misión, enfrentándose a la adversidad con valentía. Atendiendo un parto.

No sé si esto es una regla general, pero cuando te decides a hacer algo grande, enfrentarás obstáculos. Estos obstáculos pueden detenerte o convertirse en escalones que subes en la escalera hacia el éxito, como ascender una montaña. Si logras superar cada problema, cada inconveniente y cada situación que se presenta en tu vida, habrás llegado al maravilloso mundo del crecimiento humano.

Si no permites que ningún obstáculo te derribe, estarás preparado para enfrentar cada desafío que se presente. Cada vez que superas un obstáculo, otro puede surgir, pero al superarlo, te estarás preparando para metas más grandes y sueños más increíbles. Si permites que el primer obstáculo o la primera situación te derriben, esto indica que quizás no estás listo para enfrentar desafíos mayores. Superar obstáculos es una decisión, y la elección que debes hacer es seguir adelante, avanzar y consolidar todo aquello que deseas y posees.

En el camino, habrá personas que estén a nuestro lado desde el principio, otras que aparezcan en nuestro camino cuando ya estemos construyendo lo que anhelamos, y también habrá quienes ni siquiera conocemos aún. Algunos creerán en nosotros, mientras que otros cercanos pueden dudar. Sin embargo, lo crucial no es que ellos crean en ti, sino que tú creas en ti mismo. Enfócate en lo que realmente crees que puedes lograr y convéncete de lo que eres y de lo que tienes. Así que sigue adelante y no te desanimes por nada.

La acción cura el miedo, la inacción alimenta el miedo paralizante que no nos deja avanzar, en lugar de quedarte quieto actúa, cuando la adversidad te visite, entérate que solo es una prueba que también la vas a pasar. Revisa tus sueños, ora a Dios que todo te será posible.

Cómo mejorar

Absolutamente, esa es una perspectiva valiosa. La idea de que todo lo que se mide es susceptible de mejora refleja la esencia de la evolución continua. Como civilización, se ha demostrado una capacidad constante para mejorar las formas en que realizamos nuestras tareas y cómo abordamos los desafíos. La medición y evaluación son herramientas esenciales para este proceso de mejora continua.

Visión

¿Cómo mejorar la visión? ¿Cómo lograr que la visión trascienda? ¿Cómo hacer que la visión actual del negocio sea emocionante y estimulante, fomentando el crecimiento continuo y el desarrollo constante de la empresa? La pregunta central es cómo lograr que esta visión sea absolutamente clara, de manera que todas las personas que trabajan en su entorno sientan esa energía positiva de estar contribuyendo a algo grandioso.

La clave radica en trabajar en algo grande e innovador. Es necesario estar tan convencido de la visión que, al compartirla con el equipo, estos se sientan parte de algo significativo y trascendental. Un secreto fundamental en las relaciones humanas es que todos buscamos el reconocimiento.

Entonces, surge la pregunta: ¿Qué es mejor? Les decía, ¿trabajar como mando medio en una gran empresa multinacional o colaborar bajo el liderazgo de alguien dispuesto a alcanzar las grandes ligas? Todos responden con entusiasmo: 'Claro, queremos llegar a las grandes ligas'. Porque, en última instancia, es crucial aprender a inspirar a nuestro equipo.

Cuando se contrata personal, no solo se está adquiriendo mano de obra, sino también el intelecto y la emotividad de cada individuo. De hecho, este último constituye el recurso de apalancamiento más fascinante al que se puede acceder, especialmente cuando se enfoca en desarrollar las capacidades y potencialidades de los colaboradores. Es en la esfera emocional del personal donde se desencadenan resultados verdaderamente fantásticos.

Para construir un equipo extraordinario, es esencial aprender a trabajar con las capacidades individuales y, antes de eso, perfeccionar y clarificar la visión. Es crucial que cada miembro del equipo se integre en un propósito específico que trascienda las partes individuales, generando así un impacto mucho mayor.

La visión que se proyecta del negocio o de la actividad en la que uno se involucra debe resultar contagiosa. Los colaboradores deben sentirse extraordinariamente felices y honrados por haber tenido el privilegio de conocerte y de trabajar contigo, considerándose uno de los empresarios más destacados. Nadie aspira a trabajar con aquellos que ocupan los últimos puestos, ya que aquellos que lo hacen están simplemente esperando la oportunidad para trasladarse a otra empresa. Incluso el talento más destacado del mercado se ve atraído cuando la atención se centra en tener una visión absolutamente clara.

Una recomendación de ejercicio en este sentido sería consultar las biografías de destacados profesionales en el mismo campo. Por ejemplo, si eres médico, explorar las biografías de renombrados médicos; si eres ingeniero, sumergirte en las experiencias de ingenieros destacados; y si eres abogado, conocer más sobre los líderes en el ámbito legal. En todas las profesiones, existe una 'gran liga' o una 'Champions' en la cual competir. Cada campo tiene competencias y competidores destacados, y es fundamental explorar quiénes son esos líderes destacados en tu liga para obtener inspiración y orientación.

Es esencial identificar quién está actualmente en la cúspide en tu campo profesional y comprender las razones detrás de su relevancia. Investiga sus logros, decisiones acertadas y desaciertos, así como su proceso de formación. En el ámbito del comercio, por ejemplo, conocer a figuras destacadas como Sam Walton de Walmart puede proporcionar una valiosa fuente de inspiración.

Si ya has estudiado un campo y descubres que no es tu mejor opción, no dudes en buscar otras alternativas y posibilidades. Las biografías ofrecen una excelente fuente de información para afinar tu visión al proporcionar una comprensión más profunda del camino seguido por aquellos que han alcanzado la cima en tu área de interés.

La frase, **"A HOMBROS DE GIGANTES"**, es realmente poderosa. Atribuida a Isaac Newton, encapsula el reconocimiento a las mentes más brillantes que han precedido en tu campo. Esta expresión simboliza la idea de que nuestro conocimiento y logros se construyen sobre las contribuciones y los cimientos sólidos establecidos por aquellos que nos precedieron. Al reconocer la grandeza de quienes vinieron antes, se destaca la importancia de aprender de las experiencias y los éxitos de aquellos que allanaron el camino, permitiendo así que el conocimiento y el progreso continúen creciendo. Es un recordatorio de la deuda intelectual y el respeto hacia quienes han dejado un legado en la disciplina que perseguimos.

Estudiar el trabajo de las grandes mentes en un campo específico es crucial para comprender sus contribuciones, identificar dónde se encuentra actualmente la frontera del conocimiento y determinar cómo dar el siguiente salto cuántico. Analizar sus logros proporciona luces sobre las innovaciones y descubrimientos que llevaron a cabo. Al entender la evolución del conocimiento en ese campo, se pueden identificar oportunidades para contribuir de manera significativa.

El objetivo es trascender los límites existentes y avanzar hacia nuevas fronteras. Este enfoque no solo implica absorber el conocimiento actual, sino también cuestionarlo, explorar áreas no exploradas y buscar conexiones inesperadas. Al hacerlo, se puede forjar una visión única y profunda en el campo preferido, marcando un camino hacia adelante que no solo se basa en lo conocido, sino que también busca la innovación y el progreso. Este proceso de estudio y reflexión es esencial para quienes aspiran a contribuir de manera significativa y creativa en sus respectivos campos.

Efectivamente, como ejemplo: el niño que aspira a ser futbolista es muy pertinente. En el campo del fútbol, las biografías de los mejores jugadores ofrecen una rica fuente de aprendizaje. Al estudiar las experiencias de los 10 mejores futbolistas, el joven puede obtener valiosas lecciones sobre disciplina, dedicación y los desafíos que enfrentaron en sus carreras tempranas.

Estas biografías no solo proporcionan información sobre las tácticas y habilidades técnicas que desarrollaron, sino también sobre la mentalidad y el enfoque que adoptaron desde una edad temprana. Los jóvenes pueden aprender sobre la importancia del trabajo duro, la superación de obstáculos y la perseverancia en la búsqueda de sus metas.

En resumen, el estudio de las biografías de los grandes futbolistas no sólo inspira, sino que también brinda una orientación práctica para el desarrollo de habilidades y la construcción de una mentalidad ganadora desde una edad temprana. Este conocimiento compartido puede ser una fuente valiosa de motivación y guía para los aspirantes a futbolistas.

Desarrollar la visión empresarial es un proceso fundamental para el éxito a largo plazo. El benchmarking es, sin duda, una herramienta valiosa en este contexto. Hay dos tipos específicos de benchmarking que pueden contribuir significativamente a la formación de la visión: Benchmarking Competitivo y Benchmarking Genérico.

El Benchmarking Competitivo: Implica estudiar y analizar las prácticas y resultados de empresas competidoras directas en el mismo sector o industria. Permite identificar las fortalezas y debilidades de los competidores, entender las tendencias del mercado y descubrir oportunidades de mejora. Este enfoque ayuda a la empresa a posicionarse estratégicamente y a diferenciarse de la competencia.

El Benchmarking Genérico: Se centra en comparar procesos y prácticas internas con empresas de otras industrias que exhiban las mejores prácticas en áreas específicas. Facilita la identificación de áreas de mejora interna, promoviendo la eficiencia y la innovación. Al adoptar las mejores prácticas, la empresa puede alinear sus procesos con sus objetivos estratégicos, contribuyendo así a la visión a largo plazo.

Ambos enfoques de benchmarking son valiosos para el desarrollo de la visión empresarial. Al aprender de la competencia y evaluar internamente las prácticas más efectivas, una empresa puede ajustar su enfoque estratégico y operativo para lograr una visión más clara y alineada con sus metas a largo plazo.

En el caso de un médico cirujano prestigioso, por ejemplo, se trata de buscar al mejor en el campo y comparar todos los resultados. La diferencia de enfoques puede conducir a mejoras mutuas. Al analizar sus estudios, procesos y procedimientos, así como los desafíos que ha enfrentado, se obtiene una hoja de ruta que indica qué aspectos se pueden mejorar para alcanzar altas cuoas de excelencia. El médico se puede comparar con Boeing company, Google, Amazon o Apple. El hacer el bench con una gran compañía puede catapultar el negocio o profesión a nuevos niveles.

¿Cuál es el legado por el cual quisiera ser recordado? Esta pregunta, planteada en un contexto de seminario, contribuye a que la visión adquiera la impronta de la trascendencia.

Si te encuentras en algún tipo de negocio o industria, el proceso es exactamente el mismo: la comparación, la definición de hacia dónde quieres llegar y el comienzo de la refinación de la idea. Es crucial establecer y describir la visión con absoluta claridad. Al mismo tiempo, es fundamental tener la capacidad de persuadir al equipo y a las personas a tu alrededor, aquellos que creen en ti y te observan a diario, de que eres el líder ideal para llevarlos del punto A al punto B en un periodo de tiempo determinado. Este lapso de tiempo determinado se convierte en la ventana en la cual la compañía, la empresa o la profesión pueden alcanzar algo realmente grande, algo de verdadera importancia.

He tenido la oportunidad de trabajar tanto con profesionales como con personas que no lo son. Desde mi experiencia, puedo afirmar que cuando un líder tiene una claridad absoluta sobre la dirección que está tomando, el personal que le rodea comienza a trabajar de manera sumamente interesante, generando resultados sobresalientes. Este fenómeno es asombroso, ya que permite llevar a cabo todo el proceso de transformación de un individuo para alcanzar su máximo potencial. Facilita el crecimiento personal, la expansión y el desarrollo continuo, fomentando que cada persona se vuelva más grande en términos de autoestima y autoimagen. Esto se traduce en un equipo que se preocupa por capacitarse constantemente, que aporta ideas para simplificar las tareas y que impulsa la eficiencia de manera sorprendente. Todos se convierten en parte integral de la visión, lo que contribuye a un ambiente de trabajo proactivo y colaborativo.

Recuerda que todos quieren figurar al lado del ganador; nadie aspira a formar parte de la última empresa en la lista, sino de la primera o de aquella que aspira a serlo. En el fondo, todos los seres humanos desean ser parte de algo grandioso. A veces, nos encontramos ya dentro de una empresa de renombre, pero en otras ocasiones, nos toca ingresar y trabajar con dedicación, contribuyendo para que la visión de la empresa con la que colaboramos alcance la grandeza. Se trata de esforzarse con empeño y contagiar al personal a nuestro alrededor para que también contribuya al crecimiento y grandeza de la empresa.

Con estas ideas, podrás vislumbrar la dirección hacia la cual llevar la compañía o la profesión. ¿Cuál es el siguiente paso? Puede ser una expansión en el mercado, una mayor innovación de productos, la búsqueda de nuevos y mejores proveedores, o incluso la exploración de una nueva línea de negocio. La clave está en evaluar cuidadosamente las oportunidades y desafíos que se presentan, y tomar decisiones estratégicas que estén alineadas con la visión y los objetivos de crecimiento que te has propuesto. Este proceso implica un análisis exhaustivo y una planificación detallada para garantizar el éxito en la ejecución de la próxima fase de desarrollo.

Finalmente ¿Cuál es tu visión?, ¿Cuál es el legado?.

Metas

Las metas se perfeccionan con la experiencia y el tiempo. A medida que aprendemos a establecer metas elevadas, nuestro ser y todo nuestro potencial interior comienzan a trabajar en armonía con esas aspiraciones. Cuando las metas son bajas e insignificantes, carecemos de la energía y el ímpetu necesarios para llevarlas a cabo.

Por lo general, buscamos que nuestras metas sean realistas; sin embargo, este libro sugiere algo diferente: que las metas deben ser completamente irreales, casi imposibles. Como dice el adagio popular, debemos apuntar a la luna para alcanzar la montaña. La verdad es que solo cuando nos enfocamos en lograr lo que parece inalcanzable y lo perseguimos con determinación, somos capaces de alcanzarlo. Al dirigirnos hacia lo difícil, lo que parece realista se vuelve fácil de lograr. Cuando nos proponemos metas que parecen imposibles para la mayoría, y aún así las alcanzamos, experimentamos algo maravilloso: comenzamos a crecer como seres humanos.

Las metas deben tener un carácter irreal y deben ajustarse continuamente. Cuando alcanzamos una meta, es crucial establecer la siguiente. En el ejemplo que hemos explorado a lo largo del libro, la primera meta podría haber sido de $1000 USD, $2000 USD o $3000 USD, pero finalmente se fijó en $10,000 USD. Cuando nos acercamos a esa cifra, la meta irreal se elevó inmediatamente a $100,000 USD. Sorprendentemente, las ideas que surgieron para llevar a cabo estas actividades se centraron en alcanzar la venta de $100,000 USD diarios. Incluso llegué a concebir cómo lograr $32,000 USD en un día.

Esto implica que si nuestras metas en la vida son modestas, las ideas generadas por nuestra mente, por el cerebro humano, también serán limitadas, destinadas a cosas pequeñas. No tiene sentido que la mente genere la idea de vender $100,000 USD diarios cuando la meta real es de $1000 USD. En términos de tiempo, todos contamos con las mismas veinticuatro horas diarias, destinando la mayoría a descansar ocho horas y disponiendo de dieciséis para nuestras actividades diarias.

La diferencia en los resultados entre las personas radica en el nivel de las metas que se establecen. Por eso, es esencial aprender a fijar metas completamente irreales desde el principio, a pesar de la noción común de que las metas deben ser realistas. Solo al superar metas que parecen inalcanzables, uno adquiere la autoridad para decir: 'Si yo pude, tú también puedes'. Es crucial entender que lograr una meta irreal lleva tiempo. Este aspecto del tiempo es lo que he compartido a lo largo de este texto, y si hubiera tomado tres veces más tiempo, aún así habría valido la pena.

Actividades a ejecutar

Las actividades que deben ejecutarse son ideas que pueden surgir en el día a día. Las ideas iniciales que puedas tener para alcanzar tus metas irán evolucionando y mejorando con el tiempo. Durante el proceso de ideación inicial, es posible que en tan solo ocho días, e incluso en menos tiempo, a mediados de mes o en dos meses, las actividades necesarias para cumplir tus metas experimenten modificaciones o completen ciertos aspectos. A medida que avanzas, generar nuevas ideas en el conjunto de actividades a desarrollar, y cada una de ellas se va cumpliendo. Si formas equipos para ejecutarlas, puedes consolidar el talento humano sin necesidad de tu presencia constante. Al formar grupos orientados a objetivos específicos, cada equipo responde por un objetivo establecido. Las estrategias e ideas van surgiendo para su ejecución, y conforme las pones en práctica, perfeccionas las nuevas ideas.

Uno de los secretos que descubrí y comprendí fue el poder de la oración a Dios. Al principio, las ideas que surgían no permitían un crecimiento suficiente, pero con el tiempo, las ideas magníficas comenzaron a llegar, principalmente durante las noches, muy tarde. Estas ideas fueron las que provocaron el gran cambio. Inicialmente, me habría desgastado intentando encontrar todas las ideas que finalmente ejecuté. Por experiencia propia, sé que esas ideas llegarán. Lo único crucial, lo que marcó la gran diferencia en el proceso, fue tener una claridad absoluta sobre mi dirección y lo que debía hacer. El sueño o visión era establecer una compañía con presencia a nivel nacional. Sin embargo, la primera meta que me propuse fue vender $10,000 USD diarios, una meta ambiciosa. Sabía que si lograba vender esa cantidad en un pueblo de menos de veinte mil habitantes, estaba destinado a grandes cosas. Coloca metas grandes en tu mente. Cuando las alcanzas, te preguntas por qué no te propusiste algo aún más grande, y en eso radica la esencia.

Imagina por un momento que todas las grandes ideas te llegarán de una, lo difícil y abrumador que sería que todas lleguen al mismo tiempo, los recursos y la capacidad de ejecutarla sería muy abrumadora, que incluso pueda generar una deserción de la intencionalidad. Por ello, las ideas en la medida que se van ejecutando y perfeccionando con el tiempo, van llegando en la medida gradual de lo que vas necesitando, está medida de perfección no se cómo es exactamente, pero ví que funciona. En el día uno no llegaron todas las ideas ni en el veinte, dura todo el periodo fueron llegando los mejores aprendizajes que funcionaron.

Así que las ideas vendrán, fluirán, y es crucial una ejecución adecuada de cada una. No basta con simplemente decir al equipo de trabajo qué hacer; es necesario liderar con el ejemplo, inspirar y mostrar que la idea funciona. A veces, aunque uno explique la idea al equipo, puede que no la comprendan completamente. Por lo tanto, es vital hacer un seguimiento constante: ¿Cómo va? ¿Qué opinan de la idea? ¿La están ejecutando? ¿Qué desafíos han surgido? Frente a estos problemas emergentes, es esencial aportar soluciones de inmediato. Todo debe fluir y consolidarse gradualmente para lograr esas grandes ideas que realmente estás buscando.

Ahora, tómate el tiempo. Muchas veces subestimamos el trabajo que se puede realizar en 20 meses y sobreestimamos lo que se puede lograr en una semana o un mes. Al hablar de metas elevadas, es común que se malinterprete, pensando que se pueden alcanzar en poco tiempo. Quiero ser muy claro: las metas ambiciosas requieren un tiempo considerable para desarrollarse. Para establecer metas altas, debes generar un conjunto de ideas diversas que permitirán una acción multifacética. Este proceso implica atacar todos los frentes y evaluar cuál es la mejor idea. Es crucial tamizar y determinar quién en tu equipo puede ejecutarla de manera más efectiva. Este discernimiento es clave para llevar a cabo y realizar esas metas ambiciosas.

Seguimiento

Seguramente, puedes escribir el modelo VIMAS completo. Cuando lo tengas finalizado, te dirás a ti mismo: '¡Lo logré!' y experimentarás una sensación de satisfacción. Sentirás alegría al tener un mapa mental claro, breve, comprensible y manejable. Las ideas fluyen. Hasta este momento, todo esto podría haber sido un ejercicio académico, y podrías haber obtenido una calificación perfecta en una hoja de cálculo de tu primera planificación de tres meses. Incluso podrías haber extendido la planificación a un año completo, aunque no lo recomiendo. Es necesario darle tiempo a tu mente, a tu equipo de trabajo y a tu conexión con Dios para que puedas generar las mejores ideas. El seguimiento que le des a las ideas que ya has tenido es crucial para retroalimentar diariamente. Te propusiste vender $10,000 USD en un día, ¿y qué sucedió hoy? Vendiste $400. Bien, sigamos adelante con la siguiente idea y estrategia, sin desmoralizarse y evitando pensamientos negativos. La constante retroalimentación es esencial para el éxito continuo.

Los pensamientos negativos son perjudiciales y tienden a aparecer en el momento menos esperado. Es triste, pero es la realidad: los pensamientos negativos pueden convertir las grandes ideas en estantes enormes que ni siquiera podemos ver, quedando relegadas en los cementerios de las ideas de hombres que con la posibilidad de haber sido grandes en diversos campos. Muchos de ellos no tuvieron acceso a una metodología como la que el lector está explorando en este momento, una metodología que les brinde la certeza y seguridad de que, si se enfocan y determinan, podrán alcanzar el éxito.

Así que, en este momento, la clave es determinar y realizar un seguimiento preciso de lo que ocurrió cada día y semana. ¿Quién está fortaleciéndose con la idea? ¿Quién en el equipo está comprometido con la idea? ¿Cómo puedo mejorar la idea, que ya está en práctica? ¿La idea cuatro está generando los resultados esperados, o incluso superando las expectativas? Ahora, ¿cómo aprovechar este nuevo conocimiento para perfeccionar las otras ideas? También, es esencial identificar los recursos necesarios para cada idea, ya que cada una representa una actividad que debe ejecutarse. A menudo, uno puede tener una gran idea pero no ejecutarla, y ahí es donde se pierde la oportunidad. La clave del éxito en este trabajo, si me preguntas cuál es lo más importante, es el seguimiento diario. Cada mañana, tómate un momento para revisar tu visión, metas, actividades a ejecutar y los resultados obtenidos. No se trata solo de hacerlo, sino de asegurarse de que los resultados obtenidos estén alineados con las expectativas. Si logras esto, estás en el camino correcto hacia el éxito que buscas.

Además, aprende a delegar. Involucra a tu equipo en todo el proceso, permitiendo comprender y sumarse al seguimiento. Enseña la metodología para que puedan realizar su propio seguimiento y aprendan a hacerlo entre ellos. Pregunta a tu equipo: '¿Cómo va con la estrategia número uno?' o '¿Cómo te ha ido con la estrategia número dos?' Explora sus experiencias y desafíos. Fomenta que se retroalimenten entre ellos, generando un diccionario de objeciones para manejar las diferentes razones por las cuales los clientes pueden rechazar un producto. Este diccionario es la bitácora, el conocimiento organizacional y la sabiduría que acumula tu equipo para enfrentar diversas estrategias. Invertir en la formación constante de tu equipo para mejorar sus estrategias crea un equipo consolidado, listo y dispuesto para abordar las metas y estrategias futuras.

Cabe resaltar, finalmente, y ponerlo en negrita porque esto es lo más importante: el **SEGUIMIENTO**. Si no hay seguimiento, todo queda en nada más que un ejercicio académico, un trabajo en el que invertiste tiempo, un día, una hora; creaste algo hermoso en una hoja de papel en blanco, pero si no le das seguimiento todos los días, si no piensas en ello diariamente y si no oras a Dios agradeciendo y con fe, pidiéndole que te ayude, te bendiga, te ilumine, te dé la sabiduría y la inteligencia para llevar a cabo estas ideas, simplemente el resultado puede ser diferente.

Supera los Obstáculos y Desafíos

Por regla general, cuando el ser humano se propone grandes retos y metas, siempre se enfrentará a obstáculos. La mejor manera de abordar estos obstáculos es entender que estarán presentes para todos, siempre habrá desafíos. Los obstáculos pueden compararse con una serie de escalones en ascenso. Cada obstáculo superado, cada desafío resuelto, no solo te permite avanzar, sino que también contribuye al crecimiento de la autoestima, autoimagen y credibilidad contigo mismo. De esta manera, cada superación te impulsa a continuar creciendo.

Henry Ford: Enfrentó desafíos tecnológicos y financieros al introducir la producción en masa de automóviles; Steve Jobs: Superó la adversidad y los fracasos iniciales para transformar Apple en una de las principales empresas tecnológicas del mundo; Elon Musk: Ha enfrentado numerosos desafíos al liderar empresas como Tesla y SpaceX, desde problemas de producción hasta desafíos tecnológicos en la exploración espacial; Jeff Bezos: Creó Amazon desde cero, superando desafíos financieros y operativos para convertirlo en el gigante del comercio electrónico que es hoy; Walt Disney: Enfrentó numerosos fracasos y dificultades financieras antes de establecer el imperio de entretenimiento que lleva su nombre.

Definir los obstáculos es reconocer que todos, en algún momento de nuestras vidas, nos enfrentaremos a desafíos constantes. La clave reside en superarlos en nuestra ruta. Es como un tren de alta velocidad que se encuentra con piedras en su camino; si la fuerza y potencia del carbón que alimenta su chimenea son suficientes, el obstáculo simplemente será superado.

Cuando el sueño y la visión de tu empresa son claros, los obstáculos técnicamente no existen. Más bien, son oportunidades de mejora y crecimiento, maestros del destino que nos enseñan nuevas habilidades y destrezas que necesitamos desarrollar. Mirar los obstáculos de manera positiva nos permite verlos como aliados en nuestro crecimiento. Nunca debemos ver un obstáculo como el fin del camino; más bien, están ahí para impulsarnos a crecer. Nadie puede eximirse de los obstáculos ni de los desafíos. Por eso, es fundamental desarrollar inteligencia emocional para sobrevivir a ellos.

En el mundo empresarial, se presentarán obstáculos financieros, de ventas, de producción, legales, y muchos más. La lista de obstáculos posibles es interminable, pero al verlos como oportunidades de crecimiento para nosotros y nuestro equipo, cada desafío se convierte en una oportunidad para que el conocimiento organizacional crezca y se abran las puertas a grandes resultados. Así que, si tu propósito en la vida es crecer, ¡bienvenido al fascinante mundo de vencer los obstáculos!

Si observas el escenario de las empresas más grandes del mundo o incluso a los profesionales que han alcanzado las cimas más altas en sus campos, te darás cuenta de que la única diferencia entre unos y otros es la cantidad de obstáculos que han enfrentado. Los obstáculos son las carreras destinadas a pulir tu carácter y perfeccionar tus habilidades, así como las habilidades y el carácter de tu equipo.

Cultiva Hábitos Positivos y Productivos

En esa metodología, el hábito diario de orar, el hábito diario de revisar los planes y la visión que tenemos, y el hábito diario de repetir la misión o la meta que tengo por cumplir. Esta meta se convierte en una obsesión, pensando en ella todos los días, manteniendo la mente y el equipo concentrados en cómo lograr y superar. Nada sirve si no nos planteamos una meta y no volvemos a pensar en ella hasta pasados 6 meses. Con esta metodología, la idea es revisar la meta diariamente para acercarse cada vez más a ella, recordando que los sueños y la visión empresarial se logran profundizando en las metas diarias.

En esta metodología, se generan cuatro microciclos por año, lo que lleva a dieciséis microciclos en cuatro años. Esta abundancia de planes y actividades ejecutadas puede permitir lograr grandes resultados a través de un trabajo continuo, persistente y sin desistir. Aunque las actividades a ejecutar pueden cambiar con el tiempo, las metas deben mantenerse constantes. La meta debe tener una fecha exacta para lograrse, y obsesionarse con ella, pensar en ella constantemente, incluso en el momento de dormir, puede generar ideas espectaculares para alcanzar.

En el proceso, es fundamental cambiar la meta una vez lograda para evitar la complacencia y seguir avanzando. La metodología se basa en avanzar de un punto A a un punto B, llenando y contagiándose de hábitos positivos, como el seguimiento diario de tu progreso. Cuadrar y revisar diariamente tu hoja de metas y visión te proporcionará un esquema mental que te agrada, recordándote hacia dónde quieres llegar. La fe en ti mismo y la confianza en Dios son clave para mantener la energía y la creencia de que lo que estás planteando lo conseguirás. La metodología busca afincarse en hábitos positivos que te permitan construir y edificar lo que te propones.

Relaciones y Redes de Apoyo

Es supremamente importante construir relaciones y redes de apoyo a lo largo de tu trayectoria. En el camino, te darás cuenta de que los contactos son fundamentales para llegar a clientes, proveedores y nuevas oportunidades. Las personas que conoces pueden convertirse en impulsores y promotores de tus negocios. Aprender a conectarte de manera positiva con ellos, causar una buena impresión, es crucial para que se conviertan en verdaderas redes de apoyo que te ayuden a consolidar tu negocio y proyecto.

Contribuyen con su conocimiento y experiencia. Por ejemplo, si tienes la oportunidad de hablar con un empresario exitoso y le presentas tu proyecto, en pocas palabras puede proporcionar la orientación que necesitas. A veces, todo lo que requerimos es una palabra de aliento o sabiduría para superar obstáculos y crecer más rápido. Vivimos en un mundo interconectado, donde la inteligencia infinita se desarrolla diariamente. La colaboración con mentes brillantes generan cambios increíbles en el mundo.

Es esencial aprender a contactar con los mejores en tu campo y en otros. Explorar nuevas formas de pensar y buscar inspiración en diferentes áreas puede impulsar el crecimiento de tu empresa u organización. La Biblia, por ejemplo, es un libro maravilloso que contiene sabiduría inconmensurable y trasciende todas las épocas y desafíos. Conectar esta sabiduría con los retos y obstáculos de tu empresa puede proporcionar una guía valiosa en todas las etapas y esferas de tu organización.

Celebra y Aprende

Es crucial recordar la importancia de celebrar los éxitos, sin importar cuán pequeños sean. No olvides celebrar cada logro, felicita a tu equipo y conviértete en su mayor promotor. También recuerda felicitarte a ti mismo, especialmente porque enfrentarás desafíos al apuntarte a metas grandes, como se propone en este libro. El proceso de alcanzar metas ambiciosas implica horas de reflexión sobre cómo superar obstáculos y la consulta con profesionales de diversos campos. En cada logro, date el espacio para premiar y reconocer tu esfuerzo. En el caso de escribir un libro, cada página avanzada es una victoria, así que felicítate constantemente.

Cultiva tu actitud mental y fortalece tu autoestima. No permitas que nada te derribe. Aprende a acumular aprendizaje de cada fracaso. La vida te está poniendo a prueba, y cada obstáculo es una oportunidad de crecimiento personal y humano. Observa cómo muchas personalidades y empresas han surgido en momentos de gran presión. Por ejemplo, Gabriel García Márquez concibió la idea de "Cien años de soledad" en un viaje a Acapulco y se encerró durante 6 meses para escribirlo.

Haciéndote preguntas clave, como qué puedes hacer y para qué eres bueno, puedes descubrir tu verdadero potencial y enfocar tu energía hacia el desarrollo. Grandes ejemplos, como Jeff Bezos y Elon Musk, demuestran que construir sobre las bases de las relaciones humanas, contactos y amistades es fundamental para alcanzar el éxito empresarial. La construcción y edificación sobre estas bases son elementos clave que han llevado a estos empresarios a la cúspide.

Tercera parte Otros Mapas

En esta sección del libro, se presenta una breve introducción anecdótica que busca ilustrar cómo la aplicación de los principios de éxito, previamente explorados en roles empresariales en la primera parte de la obra, puede igualmente generar resultados sobresalientes en contextos completamente distintos.

La forma en la que se desarrollaron los acontecimientos podría considerarse otra manera de descubrir o construir el mapa. Este relato se desarollo gracias a la lectura de "La magia del poder psicotrópico" de Robert Stone.

El libro destaca tres elementos cruciales para lograr algo en la vida. Primero, se necesita compromiso, especialmente contigo mismo, respecto a lo que realmente deseas lograr. Luego, sugiere comprometerse con alguien más, de manera que compartir tus metas te genere una vergüenza significativa si no las alcanzas. Además, subraya la importancia de repetir constantemente el deseo o la meta que buscas. Finalmente, señala que es esencial poner el trabajo necesario para hacerlo realidad. Con este contexto en mente, estoy listo para compartir cómo esta filosofía contribuyó a una hazaña deportiva interesante en mi vida.

Deporte

En el año 1997, recién llegado al municipio de Quimbaya en el departamento del Quindío, tenía 18 años y había sido subcampeón nacional e internacional en lucha olímpica dos años antes. En ese momento, mi mayor deseo era continuar mi trayectoria en el deporte.

El cambio de ciudad se debió a cuestiones laborales de mi padre. Experimentamos la primera quiebra económica en la familia, el licor y la gestión descuidada de los negocios en manos de empleados sin supervisión nos llevaron al punto de tener que dormir en la camioneta, con nuestro hogar económicamente destruido. Fue un período desafiante para todos nosotros.

Ante la crisis familiar, mis padres optaron por mudarse a este municipio, motivados por la presencia de una sobrina de mi madre como único vínculo con el cambio de municipio. Cuando conocí esta decisión, estaba decidido a no quedarme en un lugar donde no pudiera entrenar mi deporte. Tenía en mente regresar a Pasto y continuar con mis entrenamientos en caso de no poder hacerlo en el nuevo departamento.

A esta edad uno cree que las cosas se hacen de la misma manera como estás acostumbrado. Cuando llegue, me comunique con el ente departamental del deporte, para saber el sitio y horarios de entrenamientos.

La primera realidad que necesitaba aceptar, era que el lugar de entrenamiento estaba a una hora en transporte intermunicipal, y bueno ¿quién podría costear estos gastos?, si estábamos recién recuperándose de la quiebra.

Fui una vez en bicicleta, creyendo que podría seguir entrenando de esta manera, pero pasadas las dos horas en el trayecto de solo ida, comprendía que la inversión de las cuatro horas de las cuales dos de ellas tenían que ser en la noche, había quedado descartado en mi reciente plan. Los entrenamientos eran tres días a la semana: lunes, miércoles y viernes de 6:00 a 8:00 pm, solía entrenar en el anterior gimnasio de 4:00 a 9:00 pm pasadas, era otro cambio complejo.

De deportista a entrenador

No recuerdo como, el presidente de la Liga deportiva Don Ibert Naranjo y el entrenador departamental Jorge Barón deciden que se inicie un proceso deportivo en el municipio, y en sus planes estaba el de nombrarme como entrenador, fue el primer trabajo que obtuve diferente a los negocios de la familia.

Ya con el nuevo cargo, me dispuse a hacer lo que se supone debe hacer un entrenador, formar los clubes deportivos para conformar la liga deportiva, la máquina de escribir roja Olivetti, empezó a funcionar, tecleando con ambas manos con el dedo medio. -Había recibido clases de mecanografía en el colegio, pero la indisciplina no fue mucho lo que me permitió aprender, lo único es que termine formando tres clubes deportivos,- y a los conocidos mayores de 18 años, los convencí para que hicieran parte de los clubes, necesité 15 personas por club, y no se como pero lo logre, y se formaron los clubes, mecanografiados por mí.

Promocionando el deporte

Ya con el cargo en la mente, seguía la promoción, me fui salón por salón de cada colegio del municipio, promocionando el deporte, ahí empezaba a darme a conocer en el municipio, y de esta manera y con seis láminas o colchonetas blandas, se inició las actividades del deporte en Quimbaya. A la convocatoria llegaron como 45 entusiastas por aprender.

Al ver estos resultados de convocatoria, el presidente de la liga, gestionó veintiún módulos de dos metros por uno, en un material de cassata adecuado para las caídas, y me facilitaron una lona amarilla, la alcaldía municipal ya me había dado un espacio, y ya todo estaba listo para iniciar.

Con mucho entusiasmo a las tres de la tarde iniciamos los entrenamientos que se prolongaba por tres horas. Muy contentos los niños, que tenían de diversas edades, los más pequeños eran los hermanos Mosquera, que estaban en las edades de los 5, 7 y 9 años. El potencial en ellos era evidente. Tenía unos de mi edad alrededor de los 17 años, y ahí las clases se empezaban a dar. ¿Ahora te podrás preguntar, que enseñaba?

Deportes de combate

En mi formación como deportista, estuvimos alrededor de cuatro años entrenando como luchador, antes de mi primera competencia. Pero el inicio deportivo estuvo primero con fútbol como a los 7 años, a los pocos días de tener los guayos abandoné.

Un cliente que frecuentaba el restaurante (negocio familiar), que era boxeador, un moreno de 1,90 aproximadamente llamado el 'Palomo', cuyo apodo era en honor al futbolista "Palomo Usurriaga", decide invitarme a las clases de boxeo en el coliseo Sergio Antonio Ruano.

Contento en mi nuevo deporte, lo practicaba con mucha dedicación a los 10 años, recuerdo en las clases de educación física del colegio, que el profesor no se porque razón, me ponía hacer el calentamiento en su clase, y recuerdo poner a mis compañeros a lanzar el ya y el hopper mientras corríamos.

Listo para el Cuadrilátero

Llevaba un par de meses entrenando con dedicación, y entre sombras y golpear el saco de boxeo, se me ocurrió hacer la pregunta: ¿Profe, cuando voy a pelear en un Ring?. Ya sabía ponerme las vendas y respirar con el protector bucal ya no era problema, ya quería saber la fecha de mi debut.

El profesor me escucha, me ve, y con las manos empuñadas en la cintura, se inclina tomando aire, y suelta una carcajada, creo recordarlo hasta con lágrima de tanto reír, fue tanta la gracia que le dió que no recuerdo palabra alguna que me haya dicho, sólo el momento gracioso que me imagino vivió.

Colgando los guantes

Al otro día no quise volver y no volví a entrenar boxeo, decidí salirme prácticamente "humillado", no recuerdo haber hablado con nadie de mi decisión, simplemente la tome, me aparte y no he contado esta historia hasta ahora.

El profe fue un muy buen entrenador, sacó a varios campeones nacionales, y formó a uno de los grandes boxeadores de la época en Nariño Newton Villarreal. Con un poco más de tacto de parte del profe para conmigo de 10 años, hubiese sido otra historia la que se escribía aquí, si es que se escribía.

Primer pelea de Boxeo

Con Newton Villareal estudiabamos en el mismo colegio, en el colegio Roosevelt, y por la fama que ya iba teniendo, sabía llevar al colegio guantes de boxeo y cabezales. Habían pasado tres años de mi retiro definitivo del pugilismo, pero el boxeo me perseguía.

En grados superiores, había un estudiante llamado el 'Pato', era de esos muchachos bajitos, que todos le respetaban porque había adquirido una habilidad en la pelea callejera, y era de lucha olímpica.

Cierto día el Pato con los guantes puestos en el colegio, mientras Newton promovía un contendor, yo veía que nadie se le entraba al ruedo. Con una considerable diferencia de edad, ahí estaba yo, decidido a ingresar con dos meses de clases, "algo" sabía, decido ingresar a probar un combate real.

El combate no duró mucho, y si no es porque Newton para la pelea hubiera terminado en knockout, con este servidor en el piso. Recuerdo que recibí una ráfaga de golpes de ya en mi rostro, y lo único que hice en lugar de defenderme era pegar con la misma intensidad en golpes cruzados, a la misma velocidad, los dos golpeandonos al mismo tiempo con frenesí.

Debo abonar que el Pato fue el justo ganador en esta contienda boxística en el colegio. Luego de saber que era de lucha, decido convencer a mis amigos de la cuadra donde vivía, junto a mis dos hermanos, y decirles que me acompañen a conocer lo de lucha, que era un gimnasio diagonal a boxeo, conocía perfectamente el camino.

Llegando a Lucha

Llegamos al gimnasio, y para sorpresa de los 7 que íbamos al gimnasio nos atendió un joven dos años mayor, quien muy amablemente nos invitó a seguir al gimnasio de lucha, y nos entrenó por primera vez. El entrenador amigo uno de los grandes de Nariño, Jhon Jairo Barbosa que nos atendió llevaba dos años aproximadamente entrenando.

Recuerdo que luego de los ejercicios, la gimnasia y la técnica nos hizo luchar entre nosotros, luego luchó con nosotros. Ese día recuerdo que fue un gran día para mí, les gane a todos mis amigos, e incluso a Barbosa, aunque escribiendo estas líneas es muy posible, y creo que así fue, mi nuevo amigo, simplemente se dejó ganar, para que sienta la suficiente motivación por continuar entrenando.

Tres años después voy en camino al primer campeonato nacional en Palmira Valle. Decidí por experiencia no volver a preguntar mejor, ¿cuando iba a un campeonato nacional? ni sabía que existían, sólo entrenaba y me divertía. Teníamos entrenador cada vez que le pagaban, de resto del tiempo los más avanzados nos hacían el favor de entrenarnos, y así sin plan de entrenamiento, hacíamos lo que creíamos que había que hacer para ser buenos.

Plan de entrenamiento

La forma como nos enseñaban los veteranos era, una hora de gradas, una hora de gimnasia, una hora de técnica, una hora de lucha y una hora de pesas. Por lo general esto lo hacíamos todos los días, y así era la preparación, ya para llegar a las pesas, no había mucha energía pero algo se hacía.

Esto fue lo que llegué a desarrollar a enseñar, no me había preparado para ser entrenador, ni sabía a quién preguntarle, pero el deseo de seguir en el deporte hizo que empezará a enseñar.

¿Cómo ser campeón?

Ya en el cargo de entrenador, entrenando un equipo, los deportistas aprendiendo, todo lo que había hecho hasta el momento. Recuerdo que sólo quería ir a entrenar, pero para ello requería ser entrenador, todo lo que tocó hacer no estaba programado en mi mente, solo quería entrenar.

Llega el anuncio del siguiente campeonato, tres meses para prepararme, no tengo entrenador, no tengo sparring de mi mismo peso, no tengo alguien que me enseñe, no tengo libros, nada a mi favor, sólo un entrenador a una hora y el otro a hora y media. Estoy solo, solo tengo el recuerdo de un libro que leí hace tiempos, La Magia del Poder Psicotrónico.

"Cuando no tienes nada más a tu favor, lo único que tienes es lo único que necesitas".

Cuando no tienes nada más a tu favor, lo único que tienes es lo único que necesitas. En el libro entendí tres cosas importantes: primero, definir qué es lo que quieres; segundo comprometerse a conseguirlo; tercero repetir constantemente lo que quieres.

"Resolviendo mi primer mapa"

El ¿Qué? ya estaba claro, quería ser campeón nacional. Claro y conciso como debe ser, determinar ¿Qué es lo que quieres?.

Compromiso, el libro era muy claro en que el compromiso, debía de ser conmigo mismo, y con una persona respetable o admirable. La primera persona a quién le prometí ser campeón nacional, fue a mí tía Ofelia. Ella es de esas tías que estuvieron siempre serviciales y preocupadas para que uno salga adelante, nos tendió la mano cuando las cosas económicamente estaban mal. No tenía cómo pagarle todo lo que había hecho por nosotros, entonces llorando y en agradecimiento despidiéndome para el nuevo hogar se lo prometí. Sentí una fuerza muy grande con este compromiso, para entonces no sabía a dónde iba a llegar y con que me iba a encontrar.

En el nuevo hogar, no conocía con quién exactamente hacer este compromiso, entonces decidí hacerlo también con la alcaldesa municipal y con los deportistas a quienes entrenaba.

Cuando fui a comprometerme con la alcaldesa, que en el siguiente campeonato iba a quedar campeón nacional, sentí lo que el autor necesitaba que sienta quien sigue sus líneas. El compromiso que había adquirido fue tan fuerte para mí, que los obstáculos de no tener entrenador, sparring y un sitio adecuado para entrenar, no existieron, ni pensé en ello, sino ya después de haber logrado que reflexione sobre el asunto, e incluso décadas después.

Por "bocón", creo haber alcanzado a pensar o tal vez lo piense ahora, ya el compromiso estaba hecho, y no me podía echar para atrás, toda mi reputación estaba en juego, y todo dependía exclusivamente de mí. Sin el conocimiento, ni la experiencia suficiente me lancé a hacer todo lo que estaba a mi alcance.

Todo lo que recordaba de como me tenía que entrenar lo hice. Algo que hacía para tener fuerza, era un juego que se llamaba, todos contra el entrenador, y todos los deportistas venían contra mí a derribarme, y yo a no dejarme, esto se convirtió en rutina clave de la preparación, no tenía más que hacer en el momento.

En el compromiso Stone resaltaba, que tenía que ser con aquella persona, que si la vuelves a ver en tu vida, te daría una pena decirle, quede de segundo o perdí, debía sentir esa vergüenza de no lograrlo.

Lo tercero que recordaba del autor, era que uno tenía que repetirlo diariamente y en todo momento. Había pensado en varias frases para repetirlo en todo momento, estas eran: voy a ser campeón y voy a ganar. Me decidí por: **VOY A GANAR**. Se convirtió en mi grito de guerra. Todo el día en todo momento me lo repetía, cuando entrenaba, me bañaba, en las comidas, antes de acostarme, al levantarme, en el bus de ida a la competencia, en todo momento.

Repetí varios cientos de miles de veces, que no recuerdo cuántas, en la competencia cuando llegaban vientos de temor, me repetía la frase, en el calentamiento también lo hacía, en todo momento, lo único que me repetía era esto.

Llegó el día de la competencia, los nervios acompañan el proceso, pero la frase de voy a ganar los espantaba. Ya el día de la competencia un entrenador experimentado estuvo en mi esquina, el profe Jorge Barón, quién llevó el deporte y lo fundó en varios departamentos, quien formó en vida una de las canteras de deportistas más exitosos de Colombia, y sus pupilos siguen dando grandes resultados, ahora como entrenadores.

Primer combate voy contra Valle, Quindío contra Valle, un combate a cinco minutos. Un combate muy fuerte recuerdo, la sensación de miedo y nerviosismo que se siente al llamado "Andrade por el Quindío, se prepara" por al altoparlante, **VOY A GANAR**, tenía que repetirlo y funcionaba, una frase me recordaba todo el proósito de que porque estaba ahí.

Siguiente llamado "por el departamento del Quindío Andrade", el día había llegado, la preparación daba por objetivo ese día especial, esa competencia, caminaba hacía el colchón y me repetía **VOY A GANAR**, tenía que hacerlo, ya había desarrollado el hábito de repetirlo constantemente.

Ingresando al colchón **VOY A GANAR**, mirando al árbitro, al contrincante, escuchando la barra fuerte del Vaaaaaaalleeeeee, retumbaba en mis oídos, pero la voz más fuerte en mí era **VOY A GANAR**. Nos saludamos y en posición para iniciar el combate **VOY A GANAR**.

Suena el silbato, lo que tanto anhelaba había empezado, **VOY A GANAR**, iniciando el combate, un contrincante muy fuerte, **VOY A GANAR**, que poderosa frase, sin este método mental Valle hubiese ganado, no me queda la menor duda. Desde el inicio remonte el marcador, fue un combate muy parejo, finalizando el tiempo gane por un punto, 5 a 4. Mi entrenador en la esquina feliz, y su hijo quien era el entrenador departamental que participaba como juez nacional, se me acerca y me dice: "ya quedamos de terceros". Éramos 4 en competencia, gane un combate, en sus cuentas perdía dos más, quedaba de tercero.

Cuando calentaba me repetía la frase voy a ganar, cuando ingresaba al colchón me repetía la frase, durante el combate solo estuve enfocado en ganar, en los momentos cruciales de ganar o perder, salía una fuerza interna, no quería sentir la vergüenza de decir a la alcaldesa perdí, me dió las fuerzas para no vencerme. A veces uno no pierde una competencia, se deja vencer, y esta frase voy a ganar y este método no me dejaba que me diera por vencido.

Siguiente combate, va Valle con Bogotá, en gradería mire atónito el combate, el de Bogotá, le dió una paliza, a quien a mi me había costado tanto trabajo vencer. Inmediatamente los miedos de que podía perder cuando me toque con Bogotá, empezaron aparecer. **VOY A GANAR**.

Quindío contra Bogotá, la frase me la repetía y me alejaba del ciclo de pensamientos, en el que había visto la paliza anterior. Había una parte de mí que creía perdido el combate, pero la frase, mucha frase, me llenó de valor, hice el calentamiento e ingrese al colchón.

Ingrese, y termine el combate tan rápido que no lograba entender por qué razón, el competidor de Valle fue vencido tan estruendosamente.

Siguiente combate, al colchón Antioquía contra Valle, el combate fue similar al anterior, Antioquía le ganó muy fácil en paliza de nuevo a Valle. Otra vez esos pensamientos llegan, el más duro de la categoría ha sido Antioquía. Otra vez la frase; **VOY A GANAR**, para poner mi mente a tono y pasar a la final.

La Final Quindío vs Antioquía

El mismo proceso, repitiendo constantemente lo que había en mi mente, repitiendo mi deseo constantemente, la frase de **VOY A GANAR** me sirvió mucho en este torneo, ahuyentó el miedo natural que uno siente, cuando ingresa a la competencia.

Ya en el colchón, aplique una técnica de lanzamiento, y mi oponente quedó en plancha (ambos omoplatos en el piso del colchón), ya en el piso y sin poderse defender, decide morder una parte de mi pectoral superior, cercano al hombro para que lo suelte, con más fuerza lo aprete, y gane el campeonato.

A esta experiencia deportiva, debo sumar un reconocimiento a la familia de luchadores de Risaralda los tres hermanos Echeverri, y a Jorge Baron padre e hijo, quienes hicieron tras bambalinas su mejor apoyo a este proceso.

Años después me encontré con un amigo de la selección Valle, que me contó, que luego de perder el combate conmigo, se desmoralizo y él se había programado para ganar, al ver que ya no podía, no le interesaba el podio, salió a competir por cumplir con el deber de no abandonar físicamente, porque moralmente ya había abandonado la competencia.

Taekwondo

La siguiente experiencia similar empleando esta metodología, la hice en Taekwondo. Estaba en la universidad, y requería hacer un crédito deportivo por obligación, mire lo que había, y lo más cercano a lucha olímpica, era taekwondo.

Siempre quise practicar este deporte, la mensualidad no permitía que me iniciara, aunque de haberle pedido a papá seguro hubiese pagado cuando estaba niño, la verdad nunca le dije, asumí que no pagaría. Sólo le gustaba a mi padre que me enfoque en el trabajo.

Ya en la universidad, ingreso a las clases, el primer día el entrenador me entrevistó y aparte con otro compañero de Karate, nos dijo que si queríamos ir a un campeonato nacional abierto de artes marciales. En boxeo pregunte cuando y se rió el profe, en lucha no pregunté y a más de tres años fuí al primero, y en taekwondo en la primera clase ya me estaban diciendo cuando debutar.

Le dije: "seguro crees que yo pueda ir, si no sé mucho de este tema". El entrenador me dijo, ya sabes competir, es lo más importante. A quince días de mi debut, me explico seis patadas clave, las defensas, y como solo se entrenaba los sábados, y ya me había comprometido empecé a entrenar en casa, en las noches.

Ya en el salón de clases, les conté a mis compañeros, todos se echaron a reír, pensando en que me iban a dar una paliza tremenda. Eso no me gustó, entonces volví a repetir el método, el ¿Qué?, ya estaba claro, el compromiso, era con mis compañeros, no quería que se burlen de mi en clase, y la frase ya la tenía, no era si no repetir esto que ya lo había hecho.

Llegando a la competencia, con el método de eliminación directa, gane los tres o cuatro combates, y ahí llegaba con mi trofeo a mostrarles a mis compañeros. Los tres que fuimos en representación de la universidad La Gran Colombia, regresamos como campeones nacionales en nuestras respectivas categorías.

Olvidando ser campeón

Antes de este campeonato, y después del mismo, en el deporte de Lucha Olímpica, no volví a ser campeón nacional, llegaba al podio, pero no logré repetir la hazaña de ser campeón. (En la cuarta parte de este libro explico lo que sucedió).

Después tuve grandes entrenadores nacionales, que se ocuparon de la técnica, la táctica, la estrategia, el físico, pero ninguno volvió a trabajar la mente, y como estaba con los que sabían olvide este mapa, olvide esta manera, no volví a ponerle atención, había llegado un método "momentáneo" en mi vida, y así como llegó se fue, y no volví a recordar este asunto en serio sino 26 años después, escribiendo este libro.

Cuarta parte A Hombros de Gigantes

En la segunda parte del libro, se comparte un método por medio del cual da unas pinceladas en cómo perfeccionar la visión. Y aunque no hay una universidad que tenga el título exclusivo de "Mejore su visión hasta lograr un récord" o algo por el estilo. Y es seguro como se vió en la tercera parte, hay muchas maneras o formas de hacerla, y aquí se comparte otra manera para llegar a tus verdaderos propósitos.

En esta parte corresponde entonces en mirar esos **GIGANTES**, de quienes podamos aprender, aprender de los que van en la punta y "copiar" lo que hicieron es sabio, aunque culturalmente pareciera que estamos predestinados a creer que copiar es malo.

Se podría decir que copiar exactamente no es posible, pero si te puede dar una idea clara de cómo lo hicieron, y de cómo lo podrías hacer, o como lo puedes hacer mejor, a Hombros de Gigantes está basado en el hecho, de que solo logramos hacer grandes cosas, cuando entendemos el trabajo de los que nos precedieron, es subir la escalera del conocimiento en el campo para seguir avanzando. No es empezar desde cero, no, es avanzar, en esto se basa el progreso de la civilización como la conocemos.

4 Principios

La primera vez que escuché acerca de un empresario que poseía más de cien empresas, cien industrias diferentes, no sucursales, sino cien empresas completamente distintas, recuerdo que comencé a prestar atención. Empecé a estudiar y a reflexionar sobre cómo lo lograban. ¿Cómo era posible que una persona con un negocio pudiera gestionar una carga de trabajo tan abrumadora? En contraste, figuras como Carlos Slim y Li Ka-shing eran dueños de 150 y 300 compañías respectivamente. Estas eran empresas gigantes que se extendían por todo el mundo, líderes indiscutibles en sus campos y territorios. Tenían planes de expansión y crecimiento que parecían inconmensurables. Al indagar en las biografías de estas personas, descubrí cómo empezaron, cómo surgieron y qué hicieron realmente. Conocer el impacto tremendo de sus logros resulta fascinante.

Estos destacados empresarios poseían la habilidad de descubrir cómo triunfar en los mercados en los que incursionaron. Identificaban los principios fundamentales que les permitían destacar. Si una persona iniciaba un pequeño negocio, a menudo se veía abrumada por la carga de trabajo. Aunque había estudiado dos carreras profesionales relacionadas con el tema, ninguna de las dos proporcionaba la respuesta exacta. Nadie podía explicar lo que estaba sucediendo. En este ejercicio, descubrí que existía algo más, algo que escapaba a mis estudios previos. Si has estado buscando una explicación coherente y lógica sobre cómo estos empresarios han logrado desarrollar tantas compañías en diversas industrias, has encontrado un libro que te proporcionará respuestas y compartirá una meditación sobre cómo realmente se puede lograr esto.

Es fundamental comprender que todos disponemos de un recurso limitado: nuestro tiempo, que se reduce a 24 horas diarias, menos de un millón de horas en la vida. Algunos empresarios comenzaron desde cero, otros incluso desde menos cero, mientras que algunos tuvieron ciertas ventajas iniciales. Sin embargo, lo crucial es el resultado obtenido, que en muchos casos es inconmensurable y colosal. No se puede menospreciar el hecho de haber empezado con alguna ventaja, ya que muchos empresarios han forjado su nombre de manera notable, siendo conmemorados, reconocidos y valorados. Han dejado una huella que perdura y que las generaciones futuras han aprendido a apreciar.

Durante esta investigación, logré identificar cuatro principios que cada uno de estos empresarios empezó a implementar a lo largo del tiempo. Estos principios están directamente interrelacionados:

1. Liderazgo empresarial
2. Cazatalentos delegar y formar equipos
3. Principios de Smith y la riqueza
4. Vimas

Para explicar metodológicamente si es correcto o incorrecto lo que se expone en esta parte, debo ser muy sincero. Algunos podrían argumentar que lo correcto es seguir el ejemplo de Napoleón Hill, quien entrevistó a numerosos empresarios, en un período de veinte años. Sin embargo, también es válido afirmar que se puede emplear la imaginación y la capacidad investigativa, escuchar audios y videos durante horas. Personalmente, he dedicado extensas cantidades de tiempo a escuchar y entender, además de leer libros de diversas temáticas, tanto teóricos como de desarrollo humano.

De manera similar, cómo los grandes pensadores han imaginado el funcionamiento de las constelaciones y las estrellas, el proceso de desarrollar estos cuatro principios fue un esfuerzo que abarcó muchos años. Fue un trabajo de reflexión, búsqueda e indagación constante, manteniendo la pregunta persistente en mi mente, con el fin de llegar a estos cuatro principios.

Liderazgo Empresarial

El liderazgo empresarial va más allá de simplemente vislumbrar la dirección futura de la economía. Implica estar constantemente atento a la siguiente tendencia, la innovación que marcará la pauta o el próximo nicho de mercado por descubrir.

En este proceso, es esencial entender que la innovación no siempre se traduce en crear algo completamente nuevo, sino también en reinventar y mejorar lo existente. Tomemos, por ejemplo, el caso de un restaurante: aunque el concepto en sí no sea innovador, la verdadera genialidad radica en cómo se implementa. Aquí es donde el líder empresarial demuestra su capacidad para estructurar, conceptualizar y ejecutar de manera única.

La visión de futuro, combinada con la habilidad para identificar oportunidades y adaptarse a las demandas cambiantes del mercado, constituye la esencia del liderazgo empresarial. Así, un líder no sólo anticipa la siguiente gran tendencia, sino que también influye activamente en la forma en que se desarrolla y se adapta a ella, marcando el rumbo para su equipo y su organización en su conjunto.

Liderar implica adentrarse en campos completamente inexplorados, un tipo de liderazgo reservado para aquellos que comparten el espíritu de los exploradores, que se aventuran en lo desconocido. Este es el liderazgo de los conquistadores, aquellos visionarios que no solo crean nuevas industrias, sino que las elevan al siguiente nivel.

Estamos hablando del liderazgo de los pioneros, de aquellos que inventan o innovan, marcando el camino para el club de los verdaderos innovadores. Son estos líderes quienes desafían las fronteras, inspiran a otros a seguir sus pasos y, en última instancia, transforman no solo sus propias organizaciones, sino también todo el panorama empresarial.

Observar lo que otros no perciben, comprender y anticiparse a los eventos venideros es esencial. Entender cómo los grandes paradigmas están en constante cambio redefine lo que hoy se considera una verdad empresarial, así como lo que funciona en el mundo de los negocios. La nueva tecnología y los avances continuos están transformando por completo el panorama, exigiendo una capacidad constante de adaptación para mantenerse al día en este entorno empresarial en constante evolución.

La ciudad está experimentando un cambio significativo en la forma en que consumimos, y de hecho, el mundo entero está experimentando una transformación en cada revolución tecnológica. Todo está en constante cambio, y comprender, anticipar y adaptarse a esta dinámica es clave. Un líder no solo se anticipa, sino que también se documenta y se capacita, permitiendo así que las cosas sucedan tanto dentro como fuera de su organización. Su capacidad para liderar proactivamente en medio de estos cambios es esencial para el éxito y la relevancia en un entorno en constante evolución.

Cazatalentos y delegar

El talento de las personas, ¿nace o se hace? Es una pregunta crucial, y la respuesta es que nace y se hace, puede desarrollarse, o quizás ya exista en algún nivel su talento. Es esencial tener en cuenta estas perspectivas al evaluar los talentos que te rodean. Puedes descubrir talento tanto dentro de tu empresa como en personas que están por llegar. A veces, los talentos están en lugares inesperados, y la habilidad excepcional radica en transformar a una persona común en alguien extraordinario.

A todo ser humano le puede llegar el momento de realizar algo extraordinario. Este instante es crucial, y es necesario observar con atención cuándo llega, cuál es el momento adecuado, cuál es el momento exacto en el cual la vida, las circunstancias y las situaciones conducen a cada ser humano a ofrecer lo mejor de sí mismo o a prepararse mentalmente para hacerlo. Puede ser que esté en el momento preciso o que esté próximo a él, necesitando esa voz de sabiduría y aliento que le permita dar ese gran paso y desarrollar su potencial de una forma inconmensurable.

Estas son las claves para iniciar una nueva organización o empresa. Hay momentos en los que los seres humanos estamos listos y dispuestos. Cuando pronunciamos la frase 'ha llegado el momento', es esencial ser pacientes y aprender a identificar cómo podemos asegurarnos de que las personas que trabajarán con nosotros, con las cuales formaremos equipo, estén siempre preparadas para desarrollar su máximo potencial. Esto es posible siempre y cuando compartamos principios, siendo fundamental para avanzar hacia una organización que pueda alcanzar fines interesantes.

Los grandes empresarios se han destacado por su capacidad para identificar y atraer a los mejores talentos en diversos campos. El verdadero talento posee un valor incalculable, ya que con él se pueden iniciar nuevas industrias, conquistar cuotas de mercado, lograr avances y progresos significativos. Encontrar y retener a este talento es uno de los principales objetivos que deben perseguir los empresarios destacados. Asistir a eventos y participar en diversas reuniones son estrategias clave, ya que es en estos contextos donde podría encontrarse el talento que tu empresa, tu negocio o tu próxima iniciativa empresarial está buscando.

Podría afirmarse que todos poseen un potencial inherente; sin embargo, es crucial aprender a seleccionar adecuadamente el talento. También es necesario cultivar la habilidad de empoderar a personas comunes, brindándoles el grado de autonomía necesario para que puedan extraer lo mejor de sí mismos y desplegar el inventario completo de su historia personal. Esto les permitirá asumir con éxito las grandes metas y desafíos que les planteamos, sorprendiéndonos con sus logros.

En este sentido, al descubrir diversos tipos de talentos, se podría argumentar que el área más vital dentro de los departamentos de una empresa es el departamento de talento humano. Este departamento tiene la responsabilidad crucial de seleccionar a la persona más capacitada y excepcional, ya que será la encargada de contratar y subcontratar a todo el personal necesario, teniendo en cuenta las necesidades, expectativas y requisitos presentes, así como las capacitaciones futuras. La asimilación efectiva de este talento contratado es fundamental, ya que se busca que todos estén completamente alineados con lo que realmente se desea lograr.

Consolidar una estructura organizacional fundamentada en una selección amplia, abundante y mejorada del talento humano es esencial. Se busca que el personal sienta constantemente el deseo, anhelo y fervor por aprender y capacitarse, mejorando continuamente sus habilidades y destrezas. De esta manera, la organización se cimentará en un liderazgo que reconoce y valora de manera amplia el talento. Esto permitirá que la empresa supere con éxito los diversos retos y obstáculos que se presenten en su camino.

Aprender a incorporar talento de diversas edades es crucial, ya que tanto la experiencia acumulada como los conocimientos frescos en nuevas tecnologías son valiosos aportes. La presencia de talento joven es especialmente importante para llevar a las empresas al siguiente nivel. Este fenómeno es evidente, especialmente en las empresas de tecnología, donde se ha observado que son los jóvenes quienes, con su conocimiento de las nuevas herramientas y tecnologías, han logrado avances significativos y han impulsado cambios disruptivos en diversos tipos de negocios que se han establecido, consolidado y formalizado.

Cuando se cuenta con experiencia y se es veterano, resulta crucial invertir y reinvertir en proyectos que mantengan la mirada puesta en las nuevas innovaciones. La industria está en constante replanteamiento, incluso cuando ya se cuenta con un producto terminado y ampliamente masificado en el mercado. Sabemos que la siguiente gran innovación está en camino. Todo es susceptible de innovación; nada puede permanecer completamente estático a lo largo del tiempo. Incluso en la industria alimentaria, con el tiempo, los productos se mejoran y perfeccionan, junto con las diversas formas de presentación y modelos de negocio para lograr una mejor venta.

Así, uno de los pilares fundamentales para construir grandes empresas radica en obtener un liderazgo sólido, capaz de comprender estos conceptos y de adquirir los mejores talentos disponibles. Una gran empresa se construye sobre la base de los talentos más destacados disponibles, o bien, aquellos que tu liderazgo contribuye a desarrollar. El objetivo es que cada individuo que se integre a tu equipo sienta, en cada célula de su cuerpo, el impulso de ofrecer lo mejor de sí mismo, desplegando toda su capacidad para obtener resultados sobresalientes, ya que ha llegado su momento.

Después de identificar y asegurar el talento, el siguiente paso es la delegación: crear un plan de trabajo y asignar responsabilidades. Es fundamental trazar un plan claro que defina a dónde se quiere llegar, qué metas se persiguen y cuáles son las acciones ejecutivas para lograrlo. En este punto, puedes concentrarte en el seguimiento, especialmente cuando se trata de manejar un equipo grande, incluso varias compañías. A medida que el equipo de seguimiento se expande, es crucial delegar eficientemente y considerar la inyección de capital, la búsqueda de sociedades y la posibilidad de iniciar nuevas empresas en distintas industrias. La correcta implementación de estos conceptos a lo largo y ancho del territorio en el que te encuentras es esencial para un crecimiento sostenido.

Proporcionar las bases para que aprendan a formar equipos es esencial, especialmente garantizando una comprensión profunda de este proceso. Es supremamente vital que cada nuevo emprendimiento cuente con absoluta claridad, especialmente en el área de talento humano. Esta área es responsable de adquirir todos los talentos necesarios para el funcionamiento eficiente de tu organización.

Ahora bien, un correcto liderazgo va a estar acompañado del mejor talento, y el mejor talento logrará liderar organizaciones a mantenerse en el podio mundial de la competencia empresarial.

Principios de Smith y la riqueza

Hablar de los principios de la riqueza implica simplemente referirse a los cuatro principios que el ilustre Adam Smith detalló en su renombrado y ampliamente citado libro "La Riqueza de las Naciones". En esta obra, que lleva el nombre completo de "Investigación sobre la causa y la naturaleza de la riqueza de las Naciones", se abordan en cinco tomos las medidas que una nación puede adoptar para enriquecerse y avanzar en el desarrollo. Asimismo, Smith explora las acciones que tanto una empresa como un país deben evitar para no desviarse de este camino.

En este contexto, según Adam Smith, existen cuatro principios supremamente importantes para facilitar un proceso de adelanto o generación de riqueza. El primer principio es la subdivisión del trabajo, seguido por la especialización como el segundo, la construcción de herramientas como el tercero, y todo esto debe enmarcarse en el tamaño del mercado público, que constituye el cuarto principio según Smith.

La subdivisión del trabajo, según Adam Smith, lo cautiva por completo cuando observa la actividad en la famosa fábrica de alfileres. Allí, nota que un hombre no puede producir más de 20 alfileres en un día, pero al tener 10 hombres, cada uno especializado en una tarea específica, logran fabricar 4800 alfileres al día. Este aumento de 460 alfileres por día por cada hombre fue crucial para que Smith vislumbre el inminente surgimiento de la revolución industrial. Este concepto es de suma importancia para proyectos futuros, ya que destaca la necesidad de aprender a subdividir el trabajo.

Una correcta subdivisión del trabajo en diversas actividades, cada una respaldada por un talento específico, permite que la especialización florezca. Cuando una persona se sumerge en una actividad repetitiva que demanda su capacidad única, puede desarrollar un nivel de maestría y especialización. Este enfoque continuo y repetitivo en el trabajo conduce a mejoras constantes. En una organización donde cada individuo trabaja en su área especializada debido a la subdivisión, la mejora y la excelencia se expanden en cada segmento. Este proceso, desde la subdivisión hasta la especialización, es fundamental para alcanzar un rendimiento excepcional en el trabajo.

Contar con un personal totalmente especializado en cada área del negocio confiere una ventaja competitiva significativa. Esto coloca a la empresa en una trayectoria de crecimiento continuo, logrando metas, cumpliendo objetivos y explorando nuevos mercados e innovaciones.

La especialización permite que cada individuo mejore constantemente en lo que le apasiona, lo cual es crucial para que la organización se vuelva cada vez más competente y competitiva.

Según Smith, tras la especialización surge la construcción de herramientas. Él describe al filósofo como aquel que examina cómo optimizar el proceso productivo para lograr mayores cantidades en menos tiempo, impulsando avances significativos. Este enfoque implica el desarrollo de herramientas tecnológicas más eficientes, evitando pérdidas de tiempo. La persona especializada en una parte del proceso es quien, con el tiempo, puede generar sus propias herramientas también, una observación que se ha confirmado en diversas industrias y sectores.

Cuando estos tres principios se aplican en el contexto del tamaño del mercado público, tanto para una empresa como para una nación, el resultado es un crecimiento exponencial considerable. El tamaño del mercado se revela como un factor crucial, ya que emprender en un pueblo de veinte mil habitantes difiere significativamente de hacerlo en un mercado de 7 u 8 millones de personas. Los mercadólogos, han aprendido que el tamaño del mercado es fundamental en la creación de riqueza. Una empresa bien ubicada, con un gran flujo de clientes, está destinada a crecer, expandirse y progresar. Por otro lado, hemos observado que emprendedores en áreas con potencial a menudo se ven limitados por el tamaño del mercado, impidiéndoles realizar su máximo potencial.

Un empresario tiene la capacidad total de aprender a manejar los cuatro principios de Smith. Se le insta a comprender el tamaño del mercado al que se dirige y a contratar los mejores talentos para que se sientan confiados y desarrollen su máximo potencial. Aunque la subdivisión del trabajo podría sugerir la necesidad de contratar más personal, es crucial mirarlo desde la perspectiva de la eficiencia y la productividad. Un enfoque excesivo en la subdivisión sin considerar la eficiencia puede llevar a una nómina gigantesca, contraproducente para el crecimiento, ya que los gastos podrían absorber la utilidad del negocio. Es esencial entender y aplicar el tamaño del mercado público, como explicó Adam Smith.

Vimas

Aprender a guiar, a liderar un equipo cuando todos desconocen la dirección futura, implica tener fe, certeza y confianza en uno mismo. Requiere un trabajo arduo e intenso, pero con la convicción de que se pueden alcanzar grandes objetivos. En el modelo que presentamos aquí, denominado 'VIMAS', su clave radica en enfocarse en obtener resultados significativos. Al implementar este modelo, no solo se logran grandes metas, sino que también se capacita al equipo para desarrollar planes de trabajo efectivos. Esto, a su vez, permite monitorear y evaluar los avances y logros individuales, constituyendo un elemento esencial del liderazgo.

Diseñar un modelo simplificado, que conecte la visión con la acción, es clave para mantener al equipo enfocado y garantizar un seguimiento efectivo. Cómo se pudo observar en las dos primeras partes de este libro.

Grandes empresarios

Acompañando la relatoría A Hombros de Gigantes, comparto los que sin lugar a dudas han sido y son grandes referentes en el mundo empresarial, quienes llenaron agendas de trabajo cumpliendo metas y consiguieron los sueños o la visión que se plantearon, y sirven de ejemplo a generaciones de emprendedores futuros.

Henry Ford tenía la visión de democratizar el automóvil, haciendo que fuera accesible para el público en general. Para lograr esto, introdujo la línea de ensamblaje y estandarizó los procesos de producción, destacando con el Modelo T, un automóvil asequible que transformó la industria del transporte.

Andrew Carnegie: La visión de Andrew Carnegie se centraba en liderar la industria del acero. Sus metas incluían el dominio en la producción de acero, que logró mediante la implementación de eficiencias en la producción y la adquisición de empresas competidoras. Carnegie se convirtió en un magnate del acero y un destacado filántropo.

Bill Gates buscaba poner una computadora en cada hogar. Para lograr esta visión, cofundó Microsoft y desarrolló software para PC, destacando con el sistema operativo Windows. Su enfoque en la informática personal y el desarrollo tecnológico lo convirtió en una figura clave en la revolución de la tecnología.

Elon Musk tiene la visión de facilitar la colonización de Marte. Para lograr esta audaz meta, fundó SpaceX, desarrolló cohetes reutilizables y vehículos eléctricos avanzados con Tesla. Su enfoque disruptivo y tecnológicamente avanzado ha transformado las industrias del espacio y los automóviles eléctricos.

Steve Jobs, cofundador de Apple, fue una fuerza motriz en la revolución de la tecnología de consumo. Su visión se centró en crear productos que cambiarán la forma en que las personas interactúan con la tecnología. Con el lanzamiento de productos icónicos como el iPod, iPhone y iPad, Jobs no solo transformó Apple en una de las empresas más valiosas del mundo, sino que también dejó una marca indeleble en la forma en que vivimos y trabajamos. Su enfoque en el diseño elegante, la simplicidad y la integración de hardware y software definió la estética y la funcionalidad de la tecnología moderna. La capacidad de Jobs para anticipar las necesidades del mercado y su habilidad para llevar productos innovadores al consumidor son fundamentales para entender su impacto en la historia empresarial y tecnológica.

Coco Chanel revolucionó la moda femenina con la visión de crear un estilo elegante y funcional. Su meta era establecer la marca Chanel, lograda mediante la introducción de prendas icónicas como el "Little Black Dress". Chanel se destacó por su enfoque innovador en el diseño y la elegancia.

Warren Buffett, conocido por su enfoque en la inversión y el crecimiento sostenido, construyó Berkshire Hathaway. Su factor clave de éxito radica en una estrategia de inversión a largo plazo y adquisiciones inteligentes, convirtiéndose en uno de los hombres más ricos del mundo.

No podía faltar en está parte una breve alusión a los fondos de inversión, más destacados, quienes llevan el espíritu emprendedor al máximo nivel, y de quienes poco se habla, pero suman conglomerados importantes en los principales mercados.

Vanguard Total Stock Market Index Fund se distingue por su enfoque diversificado, con miles de empresas en su cartera. Su factor clave de éxito radica en ofrecer a los inversionistas una inversión de bajo costo que sigue índices y proporciona una amplia diversificación en el mercado de valores.

SoftBank Vision Fund, conocido por su diversificación en tecnología y sectores emergentes, ha tenido un impacto significativo. Su factor clave de éxito es el financiamiento masivo a empresas tecnológicas de alto crecimiento, respaldando innovaciones disruptivas en el mercado global.

Berkshire Hathaway, dirigido por Warren Buffett, ha logrado una cartera diversificada en varios sectores a lo largo de los años. Su factor clave de éxito se encuentra en una estrategia de inversión a largo plazo, combinada con la sabiduría de Buffett en la selección de inversiones y la gestión de empresas.

Sequoia Capital destaca por su enfoque en tecnología y empresas innovadoras. Su factor clave de éxito incluye una sólida red de contactos y un asesoramiento estratégico, que han contribuido al éxito de numerosas empresas emergentes en su cartera.

Tiger Global Management se destaca por sus inversiones globales, especialmente en tecnología y startups. Su factor clave de éxito reside en la búsqueda activa de empresas de alto crecimiento, respaldando emprendimientos que demuestran un potencial significativo en el mercado.

Index Ventures ha logrado una posición destacada con inversiones en tecnología y startups. Su factor clave de éxito se encuentra en su enfoque en etapas tempranas y la asociación cercana con emprendedores, contribuyendo al desarrollo exitoso de empresas innovadoras.

Finalmente aprender de los grandes en el campo es vital, para subir el siguiente escalón, y vislumbrar a dónde realmente se quiere llegar.

Quinta parte Errores

Evita cometer estos errores

Cometer errores es inherente al proceso de crecimiento y aprendizaje humano; son lecciones que nos pulen con el tiempo. La clave radica en aprender de los errores propios y, más desafiante aún: aprender de los errores de los demás, los aciertos propios y los aciertos de los demás.

Aprender de los aciertos pareciera una tarea completamente fácil, lógica y coherente. Pero normalmente, cuando las cosas van bien, asumimos que sabemos por qué, sin reflexionar verdaderamente sobre la razón detrás de ese éxito. En el contexto de las ventas, por ejemplo, es crucial preguntarse si una venta fue exitosa y, más aún, entender qué elementos contribuyeron a ese éxito. Al cuestionarnos sobre lo que hicimos bien en una venta, podemos identificar aspectos clave que nos llevaron al triunfo. Esta autoevaluación constante es esencial para el crecimiento y la mejora, ya que incluso en una venta exitosa siempre hay áreas importantes que se pueden perfeccionar.

Similarmente, aprender de los aciertos de otras personas es una tarea compleja. Las personas a menudo pueden identificar que algo salió bien, pero puede ser difícil analizar conscientemente por qué tuvo éxito. Al reflexionar sobre los aciertos de los demás, nos encontramos con el desafío de que la persona misma puede no haber comprendido completamente las razones detrás de su éxito. Este proceso se complica aún más cuando intentamos entender el éxito de empresas o individuos a nivel de mercado. Concluir cuál fue el acierto que llevó al éxito puede ser complicado, ya que incluso los historiadores o biógrafos pueden malinterpretar o equivocarse al describir lo que realmente sucedió.

En este sentido, entender y comprender los aciertos implica profundizar en los detalles y analizar conscientemente cada elemento que contribuyó al éxito. Este nivel de comprensión puede resultar desafiante, pero es fundamental para aplicar lecciones significativas y alcanzar la excelencia en cualquier ámbito.

Con la esperanza de que estos errores sean útiles para que el lector evite caer en ellos.

Desenfoque

La falta de claridad en la visión o el sueño es uno de los principales errores al desarrollar la metodología de Vimas. Sin una comprensión clara de a dónde quieres llegar, puedes cometer errores en el enfoque y la dirección. Aunque es posible lograr muchas cosas sin una visión clara, el resultado final puede no ser el deseado. La ausencia de un rumbo definido dificulta la comprensión del resultado que verdaderamente deseas en tu vida. Esta falta de claridad se convierte en un obstáculo y, a lo largo de las décadas, puedes darte cuenta de que no has alcanzado el nivel que deseas.

Es cierto que puedes alcanzar un nivel, pero a veces no te das cuenta verdaderamente de hasta dónde podrías haber llegado. Al principio, es difícil imaginar cuán lejos puedes llegar. Por ejemplo, cuando me enfoqué en ser campeón nacional, era lo más grande que podía concebir en ese momento. No consideré los Juegos Olímpicos porque ni siquiera sabía de su existencia. Un deportista que se concentra en competiciones nacionales podría perder la oportunidad de apuntar a niveles más altos. Esto se aplica a diversos ámbitos; enfocarse en ser un campeón olímpico o mundial implica una mentalidad y nivel de intensidad distintos, y el trabajo necesario para alcanzar esos objetivos es considerable, y todos tenemos las mismas 24 horas.

El nadador olímpico Michael Phelps, por ejemplo, se enfocó en ir más allá y batir todos los récords olímpicos en su disciplina deportiva. Logró este objetivo de manera tan destacada que estableció un estándar muy alto para los deportistas que le siguen, posiblemente durante las próximas décadas o incluso siglos. Su dedicación y logros no solo marcaron la historia olímpica, sino que también ilustran cómo un enfoque ambicioso puede influir en el futuro de una disciplina deportiva.

Mirando hacia atrás, me doy cuenta de que esa falta de claridad en mi visión y metas impidió que alcanzara mi máximo potencial. Pude haber dado más y haber logrado mucho más si hubiera tenido una visión clara y creído en mis habilidades desde el principio. Esta reflexión me enseñó que, aunque no podemos cambiar el pasado, podemos aprender de él y utilizar esa sabiduría para avanzar hacia el futuro. Es crucial tener una visión clara de a dónde queremos llegar y creer en nuestras capacidades para desafiar nuestros límites y lograr grandes cosas en la vida.

Es fundamental tener en cuenta que todo lo que te propones puede convertirse en realidad si trabajas de manera constante y enfocada en ello. Sin embargo, es esencial asegurarse de que las metas planteadas estén alineadas con el resultado que realmente deseas alcanzar. Es decir, tus metas deben ser un reflejo preciso de tus sueños y aspiraciones más profundas.

A veces, las personas alcanzan resultados extraordinarios que superan lo que originalmente se propusieron. Esto demuestra que con esfuerzo y determinación, puedes sorprenderte a ti mismo y lograr más de lo que esperabas. Por otro lado, también es posible que alcances un resultado sensacional que no habías previsto. Este escenario resalta la importancia de mantener una mente abierta y estar dispuesto a adaptarte a las oportunidades y desafíos que puedan surgir en el camino hacia tus metas.

Establecer metas, asegúrate de que estén alineadas con el resultado que realmente deseas alcanzar en la vida. Mantén la flexibilidad para adaptarte a las circunstancias y estar abierto a las sorpresas que puedan surgir en tu camino hacia el éxito. Con determinación, enfoque y una visión clara, puedes trabajar hacia tus metas con confianza, sabiendo que estás dando pasos concretos hacia el resultado que verdaderamente anhelas.

Las metas cobran claridad cuando la visión de hacia dónde se quiere llegar es nítida. Puedes establecer metas para ser campeón nacional, pero también para ser campeón sudamericano, panamericano o en diferentes niveles de un ciclo olímpico. Desarrollar metas que se alineen con la visión te permite buscar resultados específicos. Ya sea enfocándose en superar récords olímpicos en tu deporte o destacar sobre el récord en tu industria, es crucial conocer el punto a vencer. Así es como tu nombre puede perdurar en la historia universal de las grandes innovaciones empresariales.

Cuando las metas están arraigadas en una visión absolutamente clara, las actividades ejecutadas y las ideas que generas para llevarlas a cabo son completamente diferentes. Por ejemplo, las estrategias para vender $10,000 USD diarios son distintas de aquellas diseñadas para alcanzar la meta de vender $100,000 USD diarios. La visión define no solo el objetivo final, sino también la naturaleza y el alcance de las acciones que emprendes para lograrlo.

Lo que realmente diferencia una agenda de trabajo de otra, o una lluvia de ideas de otra, es la visión y la claridad sobre hacia dónde realmente se quiere llegar. Una vez que esto está claro, la clave radica en mantener un seguimiento adecuado, ya que te indica qué tan cerca o lejos estás del verdadero punto al que deseas llegar. En este proceso, te darás cuenta de que, a medida que haces el seguimiento, te acercas cada vez más. Disfruta del proceso, vive cada día y experimenta todas las emociones que esto pueda generar.

Comete errores

Es preferible intentar y cometer errores que nunca intentar nada. Evitar cometer errores puede convertirse en un freno destructivo para las ideas más fundamentales. El miedo asociado con la posibilidad de cometer errores puede ser paralizante. Aunque hay cosas imprevisibles, si tus sueños son claros y la visión está bien definida, y estás decidido a alcanzar cada meta, cualquier problema u obstáculo, incluso los errores, se resolverán con el tiempo. La acción y la disposición para aprender de los errores son componentes esenciales del camino hacia el éxito.

Es fundamental recordar que trabajamos con seres humanos, y los errores son inherentes a nuestra naturaleza. Tanto tu equipo como tú mismo tendrán errores. Estar preparado para ello implica darles la oportunidad de aprender de sus errores. Implementar un liderazgo basado en el aprendizaje a través del error es clave. Permite no solo la corrección de equívocos, sino también el crecimiento y desarrollo continuo. Avanzar con este enfoque contribuye a un ambiente donde la mejora constante es valorada y se convierte en parte integral del proceso.

El temor a cometer errores ha sido la barrera que ha impedido que muchos hombres conquisten a la mujer de sus vidas. Muchas ideas innovadoras yacen sepultadas en el cementerio del olvido debido al miedo a cometer errores. Empresas que podrían haber existido en el mercado simplemente no despegaron porque alguien en algún momento tuvo miedo de dar el paso necesario. Este temor puede ser un obstáculo significativo, pero también destaca la importancia de abordar los errores como oportunidades de aprendizaje y crecimiento, en lugar de como fracasos definitivos.

No esperes a saberlo todo

El deseo de perfección es comprensible, y todos aspiramos a hacer las cosas bien desde el principio. Sin embargo, es importante reconocer que no todo se puede aprender o dominar de inmediato. Imagina una relación, un matrimonio o el proceso del parto. No se puede prever todo desde el principio. Por ejemplo, decirle a tu pareja que van a tener gemelos y pasar por el proceso del embarazo y el parto implica desafíos y cambios sorprendentes. La crianza también tiene sus complejidades. Si solo nos enfocamos en los problemas y en las dificultades, sería difícil dar el paso hacia la construcción de una familia. Pero nos lanzamos con fe y esperanza en un futuro mejor, sin conocer todos los desafíos por adelantado.

Así mismo, cuando comenzamos a estudiar, es imposible imaginar todo lo que nos espera desde el primer día hasta el último, hasta el día de la graduación. Algunos no logran terminar debido a la presión, el estrés, los trabajos, el desafío de superar las propias fronteras del conocimiento, las noches de trasnocho, las noches sin entender una materia, y la constante preocupación de perder un semestre. Son procesos difíciles, pero son parte del camino que debemos recorrer para avanzar. Por eso, no esperes saberlo todo desde el principio. El aprendizaje y la superación de obstáculos son esenciales para seguir adelante. Date el tiempo necesario, todo es un proceso.

En el transcurso, irás aprendiendo lo que necesitas y adquiriendo valiosas lecciones de grandes maestros. Este camino te brinda la oportunidad de corregir y perfeccionar. Lo fundamental es mantener siempre una actitud de aprendizaje, reconocer que aprender es divertido y estar en constante proceso de adquisición de conocimiento. Esto no solo mejorará tu estado de ánimo, sino que también te recordará que estamos enfocados en la visión que tenemos y en lo que queremos lograr. Mantener ese propósito te permitirá consolidar, con el tiempo, aquello que realmente deseas alcanzar.

Enfócate en lo que quieres

La historia del mapa de la tercera parte del libro introduce otro mapa que se centra en el compromiso. En este contexto, se destaca la importancia de repetir constantemente un "grito de guerra", un mantra que representa tus metas y aspiraciones. En este ejemplo, el grito de guerra fue "Voy a ganar". La idea es aplicar este principio a tu empresa, negocio, vida o cualquier sueño que estés persiguiendo. Al adoptar un grito de guerra y repetirlo constantemente, te sintonizas con lo que necesitas hacer, brindándote una motivación constante para avanzar hacia tus objetivos.

En lugar de centrarte en lo que deseas, se comete el grave error de enfocarse en los problemas que surgen. Este enfoque es perjudicial, ya que al concentrarnos en los problemas, errores y carencias, enfrentamos dificultades. Un ejemplo de esto es cuando la empresa estaba generando menos de $500 USD en ventas diarias, lo cual suponía desafíos para pagar servicios y alquiler. Sin embargo, la mente y la energía se mantenían enfocadas en la meta deseada, y mágicamente, las ideas y la energía positiva comenzaban a fluir para lograr el resultado esperado. Este relato destaca la importancia de mantener la mente enfocada en el objetivo a pesar de los obstáculos.

Absolutamente cierto. El enfoque en los problemas debilita y consume nuestra energía. Puede hacer que, a pesar de nuestras acciones positivas, retrocedamos en lugar de avanzar. La actitud positiva desempeña un papel crucial en este proceso. El trabajo diario y constante, especialmente en la atención a nuestros clientes, se reflejará y será apreciado. Mantener una mentalidad positiva y centrarse en soluciones en lugar de en problemas nos permite superar obstáculos y avanzar con éxito hacia nuestros objetivos.

Un hermoso mensaje para cerrar. Siempre enfócate en lo que realmente quieres por la mañana, comienza el día con la mejor actitud. Al finalizar la noche, tómate un momento para reconocer y felicitarte por todo lo bueno que lograste ese día. Si no fue tan bueno, no te desanimes; cada nuevo día es una oportunidad para retomar el rumbo hacia tus metas. No desfallezcas, sigue adelante, sigue los pasos aprendidos en este libro y te deseo mucho éxito en todos tus emprendimientos. Que la magnífica gloria de Dios nuestro Señor Jesucristo te acompañe por siempre. Amén.

Conclusión

Así como comencé con la primera oración, así concluyó. Debo destacar el fascinante viaje desde el inicio hasta la culminación de este proyecto, un proceso que ha ido mejorando constantemente hasta su finalización.

En la primera parte, se narra una correlación entre una experiencia empresarial y el ascenso a la montaña en busca de una cascada. Esta experiencia fue la inspiración para escribir este libro y titularlo de manera significativa. La conclusión clave es que cualquier meta que uno se proponga en la vida puede ser alcanzada si existe una determinación verdadera para lograrlo.

La segunda parte describe cómo cualquier persona, sin importar su cultura o idiosincrasia, puede desarrollar y llevar cualquier tipo de negocio al siguiente nivel mediante la aplicación del método VIMAS, presentado en esta sección.

La tercera parte enseña otro método para encontrar o diseñar el mapa, haciendo hincapié en la importancia de comprometerse consigo mismo y buscar compromisos con una autoridad que genere verdadera pena o vergüenza si este no se alcanza. Se destaca la importancia de comunicar tus objetivos para mantener un recordatorio constante de por qué estás persiguiendo esos resultados.

La cuarta parte introduce principios que han surgido a lo largo de los años en respuesta a la comprensión de cómo los empresarios más exitosos del planeta pueden dirigir y crear varias empresas en distintos sectores, mientras que un emprendedor con un solo proyecto puede colapsar de trabajo y estrés.

La parte final está dedicada a los posibles errores que pueden surgir. Se presentan como una red de protección para que el lector evite caer en ellos y se beneficie anticipándose a los desafíos que puedan surgir al perseguir grandes metas en la vida.

En el resumen del libro se comprenden las metas aparentemente inalcanzables, el enfoque en sueños grandes y cómo, a través de casos específicos, se concluye que cuando uno se propone y determina lograr grandes éxitos en la vida, finalmente los consigue. Las personas no alcanzan grandes logros simplemente porque no se centran en conseguirlos. Cuando alguien se determina a buscar, escudriñar y excavar hasta llegar al fondo, puede lograr lo que se propone.

Vivimos en una sociedad en la que los sueños se desvanecen a medida que los niños, siendo grandes soñadores, ven disminuir la abundancia de sus aspiraciones. A medida que crecen, la educación y las percepciones cambian, influenciadas por las experiencias diarias y los resultados de aquellos cercanos a nosotros: amigos, hermanos, familiares. Estos resultados ejercen una influencia significativa en nuestros propios logros.

Si nos rodeamos de amigos exitosos, si somos agradecidos y bendecimos a quienes prosperan, es probable que también alcancemos resultados similares. Sin embargo, a menudo, cuando alguien triunfa, la sociedad tiende a excluirlo en lugar de buscar aprender de su éxito.

Es crucial aprender a forjar y visualizar una visión expansiva, cultivando sueños y metas que parecen casi imposibles. Inspirar grandes metas conlleva a la ejecución cuidadosa de actividades, seguida de un seguimiento adecuado. Esta metodología de cuatro puntos es sencilla pero se complementa con aspectos clave como el hábito, la persistencia y valores que fortalecen el carácter humano, como insistir, resistir y no desistir jamás.

Este enfoque es fundamental para enseñar a las generaciones futuras. Más allá de la enseñanza sobre la fe, es esencial inculcarles la idea de perseguir grandes sueños. Para lograrlo, es crucial que tus hijos te vean luchando, enfrentando desafíos y persistiendo en la consecución de tus objetivos. Este proceso de enseñanza no solo implica mostrar los triunfos, sino también compartir los fracasos y demostrar que, pase lo que pase, la perseverancia y el trabajo constante son esenciales para lograr lo que uno se propone.

La vida es maravillosa, llena de oportunidades y abundancia para todos. Todos podemos desarrollar nuestro máximo potencial, incluso los más pequeños, quienes pueden generar cambios significativos en sus vidas. Pequeñas acciones pueden conducir a grandes transformaciones.

Felicito al lector que ha llegado hasta aquí, pues demuestra ser alguien comprometido, posiblemente uno de aquellos que me enviará un correo electrónico diciendo: "Hice mi primer plan, llevo 4 años, he alcanzado tal logro". No tengo dudas de las capacidades; de hecho, la certeza de que este libro será útil a aquellos que lo reciben me llena de entusiasmo.

Estoy ansioso por escuchar cómo aplica este conocimiento en la vida y cómo lo transmites a los hijos, ya que enseñar estas lecciones es crucial para pasarlas de generación en generación.

Las grandes hazañas de la vida son el resultado de personas que decidieron dejar un legado y hacer cosas extraordinarias. Al plantearse metas, tenían la certeza de que lo lograrían, incluso cuando quienes los rodeaban dudaban. Determinación, propósito y disposición son clave para alcanzar grandes resultados; solo aquellos que realmente se lo proponen pueden lograrlo.

Es esencial notar que el que nunca se ha propuesto algo grande en la vida nunca logrará nada. Es injusto esperar resultados sorprendentes sin preparación ni interés. Este principio se refleja en las herencias: aquellas mal preparadas para recibirlas pueden tener una percepción distorsionada de la creación de riqueza. Con el tiempo, la sabiduría popular advierte sobre la posibilidad de que, tras generaciones, la riqueza mal gestionada termine en dificultades.

Afrontar obstáculos y desafíos es una constante en cada generación. Solo aquellos capaces de superarlos han marcado los grandes avances de la humanidad. La herencia es importante, pero igualmente crucial es cómo se maneja y se invierte. Cada generación enfrenta la tarea de programar y hacer realidad sus sueños, aprendiendo de los desafíos previos y proyectando un camino hacia el éxito, transmitiendo estos saberes a la siguiente generación.

www.ingramcontent.com/pod-product-compliance
Lightning Source LLC
Chambersburg PA
CBHW062325290526
45794CB00005B/1901